EMPREENDEDORISMO
SEM FRONTEIRAS

EMPREENDEDORISMO SEM FRONTEIRAS

Um Excelente Caminho para Pessoas com Deficiência

Fernando Dolabela
Autor do best-seller *O Segredo de Luísa*
Cid Torquato

ALTA BOOKS
E D I T O R A
Rio de Janeiro, 2015

Empreendedorismo sem Fronteiras — Um Excelente Caminho para Pessoas com Deficiência
Copyright © 2015 da Starlin Alta Editora e Consultoria Eireli. ISBN: 978-85-7608-896-7

Todos os direitos reservados e protegidos por Lei. Nenhuma parte deste livro, sem autorização prévia por escrito da editora, poderá ser reproduzida ou transmitida.

A editora não se responsabiliza pelo conteúdo do texto, formulado exclusivamente pelo autor.

Erratas e arquivos de apoio: No site da editora relatamos, com a devida correção, qualquer erro encontrado em nossos livros bem como disponibilizamos arquivos de apoio se aplicável ao livro. Acesse o site www.altabooks.com.br e procure pelo título do livro desejado para ter acesso as erratas e/ou arquivos de apoio.

Marcas Registradas: Todos os termos mencionados e reconhecidos como Marca Registrada e/ou Comercial são de responsabilidade de seus proprietários. A Editora informa não estar associada a nenhum produto e/ou fornecedor apresentado no livro.

Impresso no Brasil — 1ª Edição, 2015

Produção Editorial	Supervisão Editorial	Design Editorial	Vendas Atacado e Varejo	Ouvidoria
Editora Alta Books	Angel Cabeza	Aurélio Corrêa	Daniele Fonseca	ouvidoria@altabooks.com.br
Gerência Editorial	Sergio Luiz de Souza	**Captação e Contratação**	Viviane Paiva	**Marketing e Promoção**
Anderson Vieira	**Planejamento Editorial**	**de Obras Nacionais**	comercial@altabooks.com.br	marketing@altabooks.com.br
Produtor Responsável	Natália Gonçalves	Cristiane Santos		
Thiê Alves		J. A. Rugeri		
		Marco Pace		
		autoria@altabooks.com.br		
Equipe Editorial	Claudia Braga	Letícia Vitoria de Souza	Milena Lepsch	Rômulo Lentini
	Cristiane Santos	Mariana Baptista	Nathalia Curvelo	Milena Souza
	Jéssica Reis dos Santos	Mayara Coelho	Raquel Ferreira	
	Juliana de Oliveira	Mayara Soares	Rodrigo Araujo	
Revisão Gramatical	**Diagramação**	**Layout e Capa**		
Wendy Campos	Lucia Quaresma	Aurélio Corrêa		

Serviço Brasileiro de Apoio às Micro e Pequenas Empresas — Sebrae
SGAS Quadra 605 . Conjunto A . Brasília DF . CEP.: 70.200.904
Fone: (61)3348-7100
www.sebrae.com.br

Presidente do Conselho Deliberativo Nacional
Roberto Simões

Diretor-Presidente
Luiz Eduardo Pereira Barretto Filho

Diretor-Técnico
Carlos Alberto dos Santos

Diretor de Administração e Finanças
José Claudio dos Santos

Dados Internacionais de Catalogação na Publicação (CIP)

D659e   Dolabela, Fernando.
          Empreendedorismo sem fronteiras : um excelente caminho para pessoas com deficiência / Fernando Dolabela, Cid Torquato. – Rio de Janeiro, RJ : Alta Books, 2015.
          144 p. ; 21 cm.

          Inclui índice e anexo.
          ISBN 978-85-7608-896-7

          1. Empreendedorismo - Deficientes. 2. Inclusão social. 3. Deficiência - Políticas públicas. 4. Deficientes - Trabalho. I. Torquato, Cid. II. Título.

                                       CDU 658.012.29-056.26
                                       CDD 658.409

Índice para catálogo sistemático:
1. Empreendedorismo : Deficientes   658.012.29-056.26

(Bibliotecária responsável: Sabrina Leal Araujo – CRB 10/1507)

Rua Viúva Cláudio, 291 — Bairro Industrial do Jacaré
CEP: 20970-031 — Rio de Janeiro
Tels.: 21 3278-8069/8419 Fax: 21 3277-1253
www.altabooks.com.br — e-mail: altabooks@altabooks.com.br
www.facebook.com/altabooks — www.twitter.com/alta_books

Sumário

Agradecimentos dos Autores ix

Prefácio por Linamara Rizzo Battistella xi

Prefácio por Horacio Lafer Piva xiii

Prefácio por Bruno Caetano xv

Introdução xvii

Capítulo 1
MERGULHO EM UM NOVO MUNDO 1

Capítulo 2
ENCONTRO COM A DEFICIÊNCIA 3

Capítulo 3
O EMPREENDEDORISMO É PARA TODOS 9

Capítulo 4
A MAIOR ENERGIA DO PLANETA 15

Capítulo 5
O UNIVERSO DA DEFICIÊNCIA 19

Capítulo 6
MILÊNIOS DE EXCLUSÃO 27

Capítulo 7
UM SÉCULO DE REIVINDICAÇÕES 31

Capítulo 8
MAIS CONQUISTAS PELA FRENTE 41

Capítulo 9
DEFICIÊNCIA, TRABALHO E RENDA 53

Capítulo 10
POR QUE EMPREENDEDORISMO? 65

Capítulo 11
SONHO E REALIDADE 77

Capítulo 12
EMPREENDEDORISMO E DEFICIÊNCIA 91

Capítulo 13
POLÍTICA PÚBLICA PARA PESSOAS
COM DEFICIÊNCIA.. 105

Anexo
CASOS DE EMPREENDEDORES 111

Índice 123

Pessoas que não concebem o futuro não sabem
o que fazer no presente. Não são protagonistas,
deixam-se levar. O único motivo que leva um adulto
livre a buscar conhecimentos é o seu sonho, um
lugar no futuro onde pretende chegar.

Fernando Dolabela

Agradecimentos dos Autores

Agradeço ao Cid Torquato por ter me estimulado a sentir e refletir sobre o mundo em que vivem as pessoas com deficiência: repleto de emoção, energia, sonhos, criatividade e capacidade de fazer.

— **Fernando Dolabela**

Agradeço ao amigo Fernando Dolabela por ter acreditado na relevância deste projeto. Um agradecimento especial à Profa. Dra. Linamara Rizzo Battistella, Secretária de Estado dos Direitos da Pessoa com Deficiência de São Paulo, pelo apoio e confiança em mim depositados desde que nos conhecemos, em março de 2008. Com relação a este livro, agradeço aos amigos Andrea Schwarz e Jaques Haber, bem como aos colegas Fadi Taraboulsi Jr., Maria Isabel da Silva e Carlos Humberto Damasceno Jr., pelas dicas e pitacos quanto ao texto. E, de forma geral, agradeço à minha família e aos amigos pela força nestes sete desafiadores anos de deficiência.

— **Cid Torquato**

Prefácio

por Linamara Rizzo Battistella

Criatividade e inovação: é assim que se traduz o modelo de desenvolvimento da sociedade neste terceiro milênio. No mundo do trabalho, estas duas características fundamentam o empreendedorismo e, de forma muito desafiadora, representam a inclusão das pessoas com deficiência.

Nas últimas décadas, as boas práticas de gestão de trabalhadores com deficiência refletiam a capacidade das lideranças empresariais de agregarem o valor da inclusão em resultados de negócios. Na esteira da Lei de Cotas, muitas iniciativas práticas, estudos e pesquisas fundamentaram este conceito, fortalecendo e ampliando a inclusão da pessoa com deficiência no mercado de trabalho.

Este livro documenta, com muita clareza, uma outra possibilidade no horizonte da inclusão: despertar o empreendedor e transformar o sonho em realidade produtiva, como estratégia para materializar a participação plena na sociedade, e mais, para efetivar o compromisso com inovação e sustentabilidade.

Interagir e participar, garantindo-se autonomia e direitos de escolhas. Este é o sentido deste livro, que traz para o centro do debate o desafio de ressignificar nossa trajetória e rever nossos modelos para construir alternativas eficientes de crescimento pessoal e desenvolvimento do país.

Linamara Rizzo Battistella

Médica Fisiatra, Professora Titular de Fisiatria da Faculdade de Medicina da Universidade de São Paulo e Secretária de Estado dos Direitos da Pessoa com Deficiência de São Paulo

Prefácio

por Horacio Lafer Piva

Se há algo que se encontra à vontade no Brasil são os paradoxos. País gigante e cheio de oportunidades, povo que tão bem lida com a diversidade, mercado de consumo com potencial enorme, alegria, criatividade. Por outro lado, sociedade por demais conivente, economia aquém das necessidades, política torta e um recorrente patinar, já que temos tantos diagnósticos e tão poucas ações.

Meu primeiro pensamento ao terminar a última página do rascunho deste livro foi neste sentido, já que empreendedorismo e deficiência são, ao mesmo tempo, temas onde se encontram toda a sorte de dificuldades, e, por outro lado, um atalho no extraordinário caminho de construção do país que desejamos.

Bem-vindo, portanto, este livro, tocado a quatro mãos por dois personagens da cena brasileira que sabem do que falam, e fazem efetivamente de seu dia a dia um alerta e uma importante sinalização de como tratá-los.

Não há aqui porque repetir as análises, conclusões e sugestões apresentadas a seguir, mas apenas registrar o esforço dos autores em elencar dados, apontar relevâncias, patrocinar o espaço de debates e incentivar um envolvimento muito maior em temas capitais.

Conheço bem Cid, com quem já me aventurei no bom combate. Acompanhei depois a sua luta diária para enfrentar, física e emocionalmente, as artimanhas do destino, reencontrando-o com um olhar ainda mais à frente, com sua inteligência aguda e energia incessante na busca de novas causas. Grande personagem!

Da mesma maneira, li muito as reflexões de Dolabela, já que minha curiosidade e posição empresarial me levam cotidianamente a buscar entender novos caminhos, e em especial as pessoas que os estão trilhando, já que mudanças que importam quase recorrentemente são gestadas pelas mãos de um empreendedor. Fernando é mestre construtor.

Que este livro seja visto como uma boa âncora, uma carta de princípios extraída do diálogo entre eles, e um guia de instrução, ação e protagonismo.

Horacio Lafer Piva

Membro dos conselhos de Klabin, Fapesp, Grupo Martins, Grupo Baumgart, Conselho de Gestão e Saúde do Governo do Estado de São Paulo e ex-presidente da AACD

Prefácio

por Bruno Caetano

Empreender transforma. Essa é uma das principais mensagens que o livro de Fernando Dolabela e Cid Torquato traz. A afirmação mostra-se muito apropriada quando se refere a pessoas com deficiência. Esse grupo, ou "a maior minoria do Brasil", como bem ressaltam os autores, tem no empreendedorismo uma grande oportunidade para superar suas limitações e se inserir no mercado de trabalho como protagonista do próprio destino, mudando não só suas perspectivas, mas também seu entorno.

Dolabela e Torquato lembram que, no decorrer da história, a realidade já foi muito pior. Contudo, a pessoa com deficiência ainda hoje enfrenta uma série de obstáculos para conquistar seu espaço. Apesar dos avanços, o caminho a ser percorrido até se chegar a uma situação mais favorável é longo. Faltam apoio, políticas públicas e mudanças culturais e comportamentais para tornar nossa sociedade mais acolhedora para os 45 milhões de brasileiros nessas condições.

Ao mesmo tempo, é sabido que nações com economias mais desenvolvidas são fortes no empreendedorismo. No nosso caso, os progressos dos últimos anos nessa área são visíveis (o Simples Nacional é prova), porém o ambiente para os negócios pode e tem que evoluir.

Esta obra é um convite a pensar sobre a inclusão da pessoa com deficiência no universo profissional por meio do empreendedorismo. A partir daí, Dolabela e Torquato pretendem contribuir para o surgimento de iniciativas capazes de transformar vidas e fazer do Brasil um país melhor.

Bruno Caetano

Superintendente da Sebrae de São Paulo

Introdução

Costumo dizer que minha trajetória de empreendedorismo é obra do destino. Nunca pensei em empreender, não corri atrás de um sonho, como costumam dizer, assim como não previ que aos 22 anos me tornaria uma cadeirante.

Na época, era muito jovem. Minha vida profissional estava começando e tinha todas as possibilidades pela frente. Estava no último semestre de fonoaudiologia e já pensava em fazer uma especialização, caminho natural para quem almejava o atendimento clínico.

Volto a 1998, junto ao meu namorado, hoje marido e pai de meus dois filhos, Jaques Haber. Estávamos na praia quando, durante a noite, fui me levantar da cama e simplesmente caí. Isso, caí! Minhas pernas não sustentavam mais meu corpo.

Black Out!

O que aconteceu? Há duas horas, quando fui deitar, estava tudo normal...

Um mês depois, ainda no hospital, descobriram que eu tinha uma espécie de má-formação congênita na medula espinhal e que, resumindo, para focar no que interessa aqui, que é a minha história de empreendedorismo, me deixou com a sequela de paraplegia.

Eu continuava sendo a mesma pessoa. Mas parecia que tudo estava diferente!

Passada toda a fase de adaptação, lembro-me que quando comecei a sair de casa com o Jaques passávamos por situações difíceis por falta de acessibilidade, de informação e de conhecimento das minhas próprias limitações.

Em uma ocasião, na festa de um colega de trabalho da agência de publicidade que o Jaques trabalhava, fomos até uma danceteria e nos deparamos com um lance gigante de escadas. Quase desistimos, mas não, fomos em frente, insistimos, pedimos ajuda. Danceteria lotada e cadeira de rodas não combinam, não havia sanitário acessível, todos se sentiram desconfortáveis com aquela situação. Saímos de lá cansados e frustrados.

Mas, entre outras situações como essa, tivemos uma ideia! Por que não escrever um guia da cidade de São Paulo com informações sobre acessibilidade para pessoas com deficiência? Queríamos tentar diminuir os sufocos que os cadeirantes passavam pela cidade, assim como conscientizar estabelecimentos e pessoas sobre as necessidades de uma pessoa com dificuldade de locomoção. Afinal, o que era acessibilidade? Uma rampa na porta? E a circulação do local, o sanitário acessível, a vaga de estacionamento, o atendimento preferencial? E a atitude dos atendentes?

Em um golpe de sorte, conseguimos um patrocínio para ir em frente com este projeto que se chamaria *Guia São Paulo Adaptada* e que foi lançado no começo do ano 2000, apenas pouco mais de um ano após ter me tornado cadeirante. Era o início da nossa história de empreendedorismo. Eu e o Jaques, meio que sem querer, puxados pelo destino e pela necessidade de nossa vivência recente, formatamos uma ideia, captamos recursos e pegamos nosso carro, papel, caneta e um computador para executar nosso primeiro projeto.

A realização que sentimos foi enorme. Se não tínhamos o sonho de empreender, encontramos um sonho para viver! Trabalhar por um mundo mais inclusivo, pensado para todos! Era o ingrediente que faltava para nos transformarmos e nos definirmos como empreendedores sociais. Só conseguíamos pensar: qual é o próximo projeto?

E, junto com essa pergunta, vinham outras. Qual o objetivo? Como fazer? Quais recursos necessários? Como obtê-los? Quanto tempo? Quem contratar? Como medir? Qual o impacto que queremos causar? Dezenas de dúvidas para as quais não tínhamos resposta. O processo de descoberta, de tentativa e erro, os desafios e os obstáculos eram nosso combustível. A deficiência já era coadjuvante.

Mas era tudo muito difícil! Batíamos na porta das empresas, cheios de ideias, precisando de patrocínio, mas nossas propostas eram gentilmente recusadas. As empresas não queriam investir em projetos para pessoas com deficiência. Além disso, não tínhamos dinheiro, nem investimento, nem escritório, nem funcionários. Trabalhávamos de nossas casas e estávamos começando a entender o que significava ter uma empresa, contador, emissão de notas, impostos e toda a burocracia necessária para empreender.

Por diversos momentos pensamos em desistir, em voltar para o mercado de trabalho. Mas acho que não desistimos simplesmente porque não conseguimos desistir. Estava em nosso DNA continuar, persistir, tentar, acreditar!

Hoje, pensando em retrospectiva, vejo que o fato de encontrarmos nossa missão de vida, aliada à persistência e ao nosso perfil desbravador foi a fórmula de sucesso para a minha história de empreendedorismo, traduzida por meio da **i.Social**, consultoria especializada na empregabilidade de pessoas com deficiência.

Nos primeiros anos, definimos que o nosso foco de atuação seria na inclusão de pessoas com deficiência no mercado de trabalho, motivados pela Lei de Cotas. Se por um lado as empresas não se empolgavam muito em investir em projetos voltados ao público com deficiência, por outro eram obrigadas a incluí-las dentro de seu quadro de colaboradores. Percebemos que este seria o melhor caminho para seguirmos na busca de um mundo mais inclusivo, pensado para todos.

Ao longo de nossa trajetória, e por meio da i.Social, já incluímos mais de 10.000 pessoas com deficiência no mercado de trabalho e já desenvolvemos cerca de 500 Programas de Inclusão, atuando em áreas como acessibilidade, palestras de conscientização, treinamento, elaboração de cartilhas, pesquisas, programas de carreira, retenção e consultoria sobre assuntos relacionados, além do próprio trabalho de recrutamento e seleção.

Escrevemos, depois da primeira publicação, mais dois livros. O *Guia Brasil Para Todos*, um roteiro turístico e cultural de dez capitais brasileiras para pessoas com deficiência e, mais recentemente, o livro *COTAS — Como vencer os desafios da contratação de pessoas com deficiência*, que traz a nossa visão e metodologia de trabalho sobre o tema.

Atualmente, estamos nos dedicando a um novo empreendimento que alia tecnologia e o nosso conhecimento a favor da inclusão. Trata-se do site de recrutamento online *Vagas Inclusivas*, que conta com o banco de currículos da i.Social, extremamente qualificado e que busca aproximar as empresas inclusivas dos profissionais com deficiência.

Hoje, a i.Social possui escritório, contrata funcionários, paga impostos e me permite viver com autonomia, por meio do meu trabalho, do meu conhecimento e do que produzo, o que faz com que eu me sinta uma pessoa completa e realizada, tanto como profissional, como no campo pessoal, onde, junto com o Jaques, tive dois filhos e formei uma família.

Por isso, parabenizo e festejo esta brilhante iniciativa do Cid Torquato e Fernando Dolabela, trazendo à tona o tema empreendedorismo e deficiência, pois vejo sim uma grande oportunidade de inclusão por meio deste caminho.

Desejo que este livro inicie e aprofunde esta discussão para que possam ser criadas políticas públicas de incentivo para que pessoas com deficiência possam se aventurar a empreender, uma tarefa complexa no Brasil, independente de possuir uma deficiência. E que, cada vez mais, histórias como a minha possam acontecer, não apenas por obra do destino, mas também por caminhos menos tortuosos, com acesso à informação e planejamento.

Andrea Schwarz
Fundadora e sócia da consultoria i.Social

Capítulo 1

MERGULHO EM UM NOVO MUNDO

Cid Torquato acabava de correr 10 quilômetros na praia, no litoral da Córsega. Duas vezes por ano, visitava a região da França, onde os pais de sua esposa, a francesa Fabienne, têm uma casa.

Além de considerar o lugar o mais bonito entre os muitos que conhecia, Cid era fascinado pela aura de banditismo que tempera com pitadas de mistério a realidade da região — sede da máfia corsa e cenário de lutas separatistas tanto em relação à França quanto, à Itália ao longo de quase mil anos e cuja beleza a tornou uma joia turística do Mediterrâneo.

De fato, certa proximidade com alguns dos bandidos locais fazia da ilha um lugar ainda mais especial para ele. Não queria se tornar um deles, nem mergulhar em seu mundo, claro, mas ter acesso a seu meio lhe parecia saborosamente extravagante. Pescava em alto-mar e caçava javalis na terra que viu nascer Napoleão Bonaparte. Usava o corpo sem lhe impor limites. Na enorme ilha montanhosa, jamais calçava os pés e seu teto mais frequente era a água que jorrava da ducha ao ar livre. Estar ali era a compensação por enfrentar o caos urbano de São Paulo durante o ano, cidade onde morava havia 44 anos.

Daquela vez, a visita ao verão da Córsega fora uma decisão difícil. Era 2007 e, nos últimos meses, Cid realizara o sonho de criar uma empresa de alta tecnologia, que conectava a internet à TV. Era o CEO da iniciativa. Atraíra um investidor de risco e um sócio com excelente perfil técnico. Mas as relações com o sócio desandaram e o capitalista de risco pressionou Cid para sair do negócio recebendo uma pequena quantia pela sua parte.

Optara pela viagem à Europa em meio a essa tempestade. Sua presença em São Paulo poderia ser conveniente para as negociações, mas a Córsega significava uma ilha de calmaria onde preferia ancorar até o vendaval passar.

Durante a corrida na praia, refletia sobre o e-mail que recebera naquela manhã. Em resposta a um contato feito quando ainda estava em São Paulo, uma empresa norueguesa confirmava seu interesse em contratá-lo como diretor-geral no Brasil. Vinha a calhar. Quando deu conta de si, já tinha percorrido mais do que sua quilometragem de exercícios diários.

Cid deveria ir direto da Córsega para a matriz em Oslo, mas resolveu fazer uma parada de uma semana em Zagreb, na Croácia. Decidira aceitar um convite para, uma vez mais, atuar como jurado do *World Summit Award* (WSA), representando o Brasil. Trata-se de uma iniciativa criada em 2002, no âmbito da Cúpula Mundial sobre a Sociedade da Informação, das Nações Unidas, cujo objetivo é premiar, anualmente, os melhores conteúdos digitais e as mais inovadoras aplicações de tecnologia da informação e comunicação no mundo. Há 160 nações ativamente envolvidas nesse programa.

O evento foi realizado em Brijuni, uma ilha ensolarada, outro pedaço de paraíso para quem, como Cid, gostava de testar os limites do corpo em esportes de terra e água. Na infalível festa de encerramento, o cardápio, a bebida e a mistura das nacionalidades presentes, cerca de 40, eram sofisticados e irrecusáveis. Essa atmosfera afastou daquele lugar os pensamentos de Cid, que foram pousar na Noruega, onde uma nova experiência o esperava, e também na Córsega, onde estava sua família.

Livre do controle da mente, suas pernas ganharam autonomia e o conduziram imperceptivelmente até uma pequena elevação sobre o mar. A água espelhava a lua, e Cid, por uma fração de segundo que mudaria sua vida, pensou poder alcançá-la e mergulhou de cabeça. Naquela parte do Mar Adriático, o litoral é quase todo de pedras e, naquele ponto, era muito raso. Emergiu dali para dez fatídicos dias de internação em Zagreb, na Croácia, outros tantos em hospitais brasileiros, e duas cirurgias, que não lhe devolveram o controle do corpo e nem a mobilidade.

Capítulo 2

ENCONTRO COM A DEFICIÊNCIA

Conheci o Cid Torquato em Johanesburgo, na África do Sul, durante a Copa do Mundo de 2010. Ambos participamos de um *think tank* a convite do governo brasileiro. Éramos cerca de 20 especialistas das mais diversas áreas reunidos para pensar e projetar uma das várias faces que o Brasil pretendia mostrar ao mundo durante a Copa de 2014. Eu daria uma palestra para a imprensa internacional na Casa do Brasil, local alugado no ponto mais nobre da cidade, em que o próximo anfitrião do futebol mundial planejara apresentar-se com suas virtudes e atrações.

Na primeira reunião do grupo, lá estava o Cid em sua cadeira de rodas. Ele era um dos companheiros do *think tank* encarregados de criar ideias para o sucesso do Brasil na vigésima edição do evento esportivo da Federação Internacional de Futebol (FIFA). Fomos na mesma van ao segundo jogo do Brasil no estádio Soccer City. Cid, sendo tetraplégico, tinha uma credencial que furou filas e abriu portas até um lugar especial, muito próximo do gramado. Vimos de pertinho o Brasil derrotar a Costa do Marfim por 3 a 1, com Kaká distribuindo a bola para duas das finalizações.

Desde sua trágica experiência em Zagreb, ele se dedicava a decifrar, entender e assumir compromissos para melhorar o novo mundo a que agora pertencia e ao qual ninguém pede para entrar. Passou a dedicar às pessoas com deficiência cada segundo da sua vida. E foi dele a ideia de produzirmos um livro que ligasse nossos respectivos temas: deficiência e empreendedorismo. Dois anos se passariam antes de decidirmos fazer o livro a partir de diálogos pontilhados por nossas vivências — em especial, a transição que ele percorrera desde 2007.

As conversas com o Cid na África do Sul deixaram em mim, além de profunda admiração por ele, uma sensação como a de ter sido pego em flagrante delito. Percebi que eu havia negado o olhar e o entendimento ao mundo das pessoas com deficiência.

Ainda em 2010, ele me convidou para um congresso internacional sobre deficiência realizado em São Paulo. Fui apresentado a uma fatia da sociedade — através de dados estatísticos e da presença das pessoas no evento — que não conhecia, ou preferia não conhecer. Sobre ela, nunca tinha feito qualquer reflexão. A porta que eu mantinha fechada se abriu.

Por que eu, que estabeleço compromissos com centenas de milhares de leitores, professores, estudantes, empreendedores, jamais havia parado para pensar sobre o tema da deficiência? Seria uma fraqueza pessoal, somente minha? Ou seria também da sociedade a que pertenço, que fecha os olhos à realidade de tantos milhões de brasileiros?

Interessado em tentar combater a miséria infantil através da educação empreendedora para crianças, por que eu não havia percebido antes que o empreendedorismo poderia ajudar pessoas excluídas? Não só excluídas pela pobreza, mas também pelo preconceito frente a deficiência?

Este livro tornou-se a oportunidade de dar um grito que possa chamar a atenção de pessoas sem deficiência para o assunto, pois a distância do tema deficiência é socialmente admitida e encoberta. O assunto é tão áspero que provoca uma reação primitiva: se não sou tocado diretamente por ele, que fique longe; quanto mais longe, mais confortável.

Se estou aqui a julgar os outros por mim, tenho pelo menos uma pessoa que pensa como eu. Antes do acidente que o fez tetraplégico, Cid Torquato também era indiferente ao problema da deficiência. Nas conversas com ele, eu me aproximei desse universo, que gira à margem da corrente central das preocupações da sociedade.

Na minha vida, a deficiência ficou distante, ao contrário da morte, que se fez íntima. Ela me separou da minha primeira esposa, Helena, quando ela estava com 29 anos, e de Luísa, minha filha, que morreu aos dois anos e meio. Além dos meus pais, que partiram em seu devido tempo. A ausência pela morte eu conheço, mas o convívio com a deficiência me é estranho.

Na minha adolescência e juventude, o abandono e a miséria infantil surgiram como pergunta, depois como espanto e dor e, por fim, como indignação. Só na meia-idade se transformou em ação. Por essa fresta, entrou também a indignação diante de qualquer forma de exclusão. Mas não a deficiência. Talvez porque todos nós tenhamos o hábito equivocado de debitar ao destino a sua causa e deixar nas mãos dele as soluções.

DOLABELA: Lembrando que o conformismo é um padrão buscado pela escola e pela sociedade, digo que, se as pessoas acomodadas e conformadas tivessem relevância, nós não estaríamos aqui, tentando fazer um livro que fala de inovação, de transformação por meio do empreendedorismo.

CID: Empreender é viver, é razão da vida. Nós somos o que fazemos, e não o que somos intrinsecamente. O grande barato de viver é empreender, é fazer as coisas, é ajudar os outros, é inovar para melhorar o mundo. É mudar a visão individualista que hoje domina. Não é cada um por si, é cada um por todos! O desafio continua o mesmo, a pessoa tendo ou não uma deficiência.

DOLABELA: No trabalho, a grande maioria das pessoas preenche espaços criados por outros. Mas há pessoas que são tão inquietas que projetam um futuro diferente para si mesmas e tentam transformar o mundo, independentemente de ter deficiência.

CID: Eu só passei a me interessar pelos problemas das pessoas com deficiência depois do meu acidente. Percebi que uma boa formação profissional é desejada por todos, frente a um mundo cada vez mais competitivo. No caso das pessoas com deficiência, ter uma boa formação é ainda mais importante, tendo em vista o preconceito e as barreiras que persistem. Ou seja, minha experiência eclética foi muito importante para minha reabilitação e reinserção profissional. Trabalhar com tecnologia também vem facilitando a adaptação à nova realidade, já que ela oferece, hoje, os principais recursos para potencializar habilidades e capacidades de pessoas com deficiência. Mas, mesmo assim, tem sido um processo árduo. Não é fácil ter uma deficiência tão grave em um mundo ainda tão pouco acessível.

DOLABELA: Faço a seguinte interpretação: ao adquirir sua deficiência, você começou a mergulhar na essência do empreendedorismo, que é conhecer o setor em que deseja atuar. Ao conhecer os problemas da pessoa com deficiência, você se credencia para encontrar soluções, criar caminhos. E daí nasce o novo Cid, que é alguém com um passado de ação, protagonismo e ousadia, um perfil que pode ser aplicado em qualquer área de sua escolha. Essas qualidades não se perderam no acidente. O alvo mudou, mas você continua a empreender como antes.

CID: Eu sempre inovei, porque é através da inovação que geramos transformações. Contudo, é impossível comparar minha vida sem deficiência com minha realidade atual. Eu era uma pessoa muito ativa fisicamente e meus desejos refletiam minhas habilidades. Gostava de fazer esportes, estar ao ar livre, viajar, o que, com certeza, fica muito mais difícil com apenas poucos movimentos dos braços, sentado em uma cadeira de rodas. Não é o fim do mundo, a vida é o bem maior, mas, definitivamente, não posso dizer que "curto" a minha atual condição. Adoraria poder comer sem ajuda, ser independente, voltar a andar...

DOLABELA: Hoje, você tem sérias restrições de movimento, mas sua cabeça e suas emoções estão muito ativas. Você está apto a empreender e tanto isso é verdade que está empreendendo em uma área nova, que não conhecia. Você mantém vivos o seu inconformismo com o estado de coisas e a ousadia para transformar, elementos que lhe fornecem a energia para empreender.

Mas é claro que, em se tratando de pessoa com deficiência severa, que impeça o trabalho, o Estado tem que assumir os cuidados com ela e assegurar sua sobrevivência. Isso quer dizer que, evidentemente, o empreendedorismo não é uma solução para todos — mesmo no caso de pessoas sem deficiência —, mas, sempre que possível, é a melhor solução. E você mesmo, Cid, é um exemplo.

CID: O trabalho é o ápice do processo de inclusão. Para que aconteça, questões mais básicas como assistência médica e reabilitação, transporte e acessibilidade urbana, educação e capacitação profissional são absolutamente fundamentais. Tem sido uma luta árdua, mas não inglória. Gosto de pensar que com o meu trabalho na Secretaria e com o meu exemplo pessoal, de alguém que "deu a volta por cima", estou colaborando com a sociedade em geral, para uma melhor compreensão da deficiência e uma maior valorização das pessoas com deficiência.

DOLABELA: É possível uma população de 100% de empreendedores? Essa pergunta está baseada em um pressuposto equivocado — o de que o mundo empreendedor tenha, como o das empresas, um limite de absorção de pessoas. De fato, a produtividade cai e os custos sobem quando se aumenta inadequadamente a quantidade de pessoas na execução de uma tarefa. A partir de certo ponto, quanto mais executores, pior.

É o que acontece na maior parte das repartições públicas brasileiras, onde alguns princípios da lógica e do bom senso são rejeitados. Mas, no empreendedorismo, a lógica dos limites não se aplica. Há lugar para todos, quanto mais melhor. O empreendedor não busca ocupar posições ou cargos disponíveis. Pelo contrário, ele cria seu próprio trabalho e ainda gera novos empregos. A lógica é a seguinte: só conseguem nascer e sobreviver as empresas que oferecem algo diferente, as que motivem os consumidores a usar seus produtos ou serviços. Haverá sempre lugar para todos os que inovam; sempre aparecerá o momento em que o novo substitui o velho. Esse movimento de nascimento e morte é o dínamo da economia.

Os diálogos com o Cid significaram para mim o estímulo para descobrir caminhos que o empreendedorismo pode oferecer para pessoas com deficiência. Já que a literatura referente a empreendedorismo para pessoas com deficiência é raríssima, este livro cumprirá sua missão se conseguir provocar estudos mais profundos e ações efetivas em torno do tema. Porque, embora não haja uma teoria de empreendedorismo para pessoas com deficiência, é inadiável a criação de programas dirigidos a elas.

Capítulo 3

O EMPREENDEDORISMO É PARA TODOS

O empreendedorismo, ao contrário do emprego, representa a forma ideal de inserção no mundo do trabalho. Isso porque, além de significar inovação, ele oferece espaço psicológico para a pessoa — sobretudo para a pessoa com deficiência —, uma vez que a empresa é uma extensão do eu do seu criador.

Por sua natureza, o empreendedorismo não exige potencialidades além daquelas de que dispõe o empreendedor. Pelo contrário, ele leva em conta a forma de ser e o perfil da pessoa que empreende. O negócio é criado a partir das potencialidades presentes, da forma de ser e das particularidades de cada empreendedor. Assim sendo, o empreendedorismo acolhe e oferece oportunidades a todos, já que as ações requeridas não são pré-formatadas em uma descrição de cargo. Por definição, o empreendedor é livre para agir.

O autoconhecimento é essencial ao empreendedor. Ele precisa saber o que é e o que não é, o que deseja e o que não deseja, o que pode e o que não pode, o que sabe e, principalmente, o que não sabe.

O mundo não empreendedor — isto é, o mundo do emprego —, não se organiza ou planeja para receber pessoas com deficiência. As descrições de cargo originais não contemplam incapacidades físicas, sensoriais ou intelectuais. Surpreenderia se fosse diferente. Mas, sendo o empreendimento um microssistema social criado pelo empreendedor como uma projeção do seu próprio eu, obviamente será concebido para recebê-lo na sua integralidade.

Não há como traduzir o que o empreendedor faz em uma descrição de cargo. Nem como predefinir perfis, habilidades, aparências. As deficiências no campo do empreendedorismo não são físicas. Elas dizem respeito a inadequação de elementos como valores, visão de mundo, tolerância à incerteza, baixa autoestima, medo de assumir a autoria da própria vida... Portanto, atingem mais de 90% da população.

Pessoas com deficiência esbarram na descrição de cargos, mas não na capacidade empreendedora. Nessa área, a maior deficiência é de ordem cultural. Com minha atividade na área de educação empreendedora, tento reduzir a força de valores culturais não empreendedores, que, de modo metafórico, poderiam ser classificados como "deficiências".

O ambiente institucional — leis, marcos regulatórios, ambiente econômico —, em conluio com crenças adversas do grupo social, pode ser o maior obstáculo ao desenvolvimento da aspiração e das atitudes empreendedoras. Assim, no empreendedorismo, deficientes somos quase todos.

DOLABELA: A rejeição à atividade empreendedora está impregnada na cultura brasileira. A família prefere ver o filho passar no concurso público do que correr riscos abrindo uma empresa. Isso restringe o surgimento de novos empreendedores e sinaliza para os legisladores e os governos que a sociedade não considera o empreendedorismo importante.

Veja só: na mente do brasileiro, a excelência é construída em função da capacidade de gerar exclusão. A família do jovem que passa no vestibular em que a relação de vagas é de 1 para 100, celebra o acontecimento com grande festa. Afinal, ele eliminou 99 candidatos. Mas, se a quantidade de vagas for maior do que a quantidade de candidatos, não há mérito. Nos sistemas classificatórios, o primeiro lugar não necessariamente significa que é bom, mas somente que é o melhor entre os que participaram.

Nós somos felizes se estivermos em posição privilegiada. Achamos que é muito reconfortante poder olhar para baixo e ver muita gente nos patamares inferiores.

CID: É. O rico precisa do pobre para se definir e ser feliz. Mas não basta a superioridade econômica para satisfazer a necessidade de diferenciação. Para essas pessoas, é preciso sempre reafirmar o modelo injusto, mantendo o gap educacional, um certo sistema velado de castas. Também faz parte tratar com desrespeito, pagar mal, sonegar direitos, perpetuar preconceitos étnicos.

DOLABELA: E com relação à deficiência, os preconceitos ainda são muitos?

CID: Existe ainda muito preconceito com relação às pessoas com deficiência. Muitas vezes, esse preconceito começa em casa, pelo autopreconceito e pela falta de aceitação da deficiência pelos próprios familiares. Infelizmente, os números mostram que as maiores maldades acontecem no âmbito familiar. Na rua, o preconceito é subliminar e se caracteriza, principalmente, pela falta de acessibilidade, seja ela arquitetônica, comunicacional ou atitudinal. Faltam centros de reabilitação, muitas escolas não têm acessibilidade física e material didático adequado, o mesmo acontece na universidade e na capacitação profissional, chegando à resistência de contratação de pessoas com deficiência pelas empresas, problemas agravados pelas dificuldades no transporte público. Para mim, quem consegue vencer todas essas barreiras, trabalhar e ter vida normal, é um verdadeiro herói.

Atualmente, a maior riqueza de um país diz respeito ao seu povo, à sua cultura e educação. O crescimento econômico, o desenvolvimento social e a democracia são resultados mais da forma de ser e atuar da população do que das riquezas naturais.

Ao conhecer um pouco mais o Cid, identifiquei um paralelo que marca nossas vidas — a dele e a minha. Grandes mudanças ocorreram quando ambos atingimos a curva dos 50 anos. Eu, quando estive nessa faixa em que ele está — pois temos 17 anos de diferença a nos separar —, encontrei-me diante de grandes transformações.

No que diz respeito ao trabalho nessa idade, ambos lidamos, com adversidades, mas de naturezas diferentes. A minha, representada pela distância do meu próprio eu, pelos demônios internos que me impediam de ser protagonista, de desenvolver minhas potencialidades, de encontrar meu talento e minha paixão. Até os 50 anos, eu não havia descoberto o caminho para me inserir no mundo do trabalho, e minha "deficiência" era causada por barreiras psicológicas, que dificultavam o entendimento do meu próprio ser.

Eu tinha sucesso como professor universitário, mas fracassava na construção da minha liberdade. Não fui pego por um golpe do destino, como aconteceu com o Cid. Sempre pude dispor de todos os movimentos do meu corpo, secundando minha mente ativa. Mas me tornei vítima de mim mesmo, pelo encadeamento de fatos, crenças e percepções desenvolvidos ao longo da minha existência. Não se pode dizer, no meu caso, que fui vítima de externalidades insuperáveis, mas de mim mesmo.

No nosso diálogo, entendemos as transformações ocorridas nos nossos 50 anos sob a óptica do simbolismo de Carl Jung, o psiquiatra suíço criador da psicologia analítica e dos arquétipos. Ele divide a vida em duas fases. Na primeira delas, a competição é uma arma, e a pessoa se dedica à luta pela sobrevivência, à busca da autoafirmação, do sucesso. A segunda metade é a fase da transformação existencial, da busca de novos valores e atitudes.

Esse é o momento de abandonar carreiras e tudo o mais que tenha perdido significado. É a fase da busca do sentido para a vida, da autenticidade. Jung a chama de "metanoia"[1], palavra do grego antigo que significa literalmente "ir além do pensamento", ou seja, "mudar de ideia".

Até os 50 anos, eu era inadaptado profissionalmente. Mesmo bem empregado, não gostava do que fazia e não me dedicava. Pior, eu não sabia sequer se gostava de alguma coisa. Ficava à margem, com melancólica inveja dos apaixonados, dos entusiasmados com

---

[1] Ver a esse respeito "Aposentadoria: Ponto de Mutação", artigo de Dulcinea Mata R. Monteiro, em *Empreendedorismo, Trabalho e Qualidade de Vida na Terceira Idade*, livro organizado por Juarez Correia Barros Júnior. Publicado pela Editora Edicon, em 2009, seu texto integral está disponível em http://www.sfiec.org.br/artigos/social/Empreendedorismo3aIdade.pdf. Acessado em 11/07/2014.

suas atividades. Minha busca era débil e fortuita, dividia o palco com a desistência.

A metanoia, no meu caso, foi causada pela descoberta do empreendedorismo. Ele me fez mudar de ideia. Encontrei algo que me fascinava, que poderia dar sentido à minha busca, dar significado às minhas emoções. Assim, mergulhei em um novo trabalho como jamais havia feito em toda a minha vida. Ele me atraía por ser novo para mim e para o país. Tudo estava por ser feito.

Formulei um sonho e convoquei todas as minhas energias para realizá-lo. Havendo um sonho, uma paixão sob a forma de um ponto no futuro a ser alcançado, passei por transformações. Uma delas foi que o meu passado profissional, um monte de ações insossas e destituídas de significado — e por isso mesmo até desprezado como tempo perdido e recolhido à lixeira da mente —, passou a ter valor e fazer parte do meu patrimônio existencial.

Mais ainda: experiências negativas foram transformadas em ativos, em recursos valiosos. A força do futuro modificou a visão que eu tinha do passado. Como a batuta de um maestro, o sonho conclamou todas as vivências, boas e más, para compor a sinfonia da vida. A magia da paixão transformou em energia cada fragmento da minha vida. A partir dos 50 anos, comecei a conhecer um pouco mais de mim mesmo.

Outra mudança ocorreu na intensidade de dedicação ao trabalho. A emoção, gerada pela busca do sonho, me dava energia ilimitada para a pesquisa, o estudo, as atividades. A busca de realização do sonho gerava a necessidade de saber. De lá para cá, acumulei 18 livros escritos, *papers*, desenvolvimento de metodologias, cerca de mil palestras dadas, aplicação de cursos de formação de professores, eventos, congressos, consultorias. A paixão se traduziu em energia.

Não hesito em dizer que, pelo menos para mim, o empreendedorismo salva.

Capítulo 4

A MAIOR ENERGIA DO PLANETA

Nos seus 50 anos de idade, Cid olha para trás e vê, ao contrário do que eu via, um passado de protagonismo, de conquistas, de uso fértil de suas potencialidades. Ele fez e desfez, arriscou e voou, sempre com o leme na mão. Agora, ouço do próprio Cid que ele está diante de uma busca, já que forças maiores o obrigaram a se redescobrir. Mas talvez ele precise somente visitar partes ainda inalcançadas de si mesmo.

Cid não é uma pessoa com a "deficiência empreendedora" que antes mencionei, aquela produzida pela cultura que não estimula o uso de rebeldia, inconformismo, criatividade e autonomia. O ponto alto escalado por Cid é conseguir conviver, mesmo sem aceitar, com aquilo que não depende dele — e desafiar permanentemente essa situação.

Diante do inevitável, podemos sucumbir ou reagir com as forças que até o momento não sabíamos possuir. Recorrendo às ideias de Jung apresentadas pela psicopedagoga Dulcinea Monteiro no artigo já citado, precisamos "forjar um eu que suporte a verdade", mesmo não sendo ela o que gostaríamos que fosse. "Ninguém pode fazer história se não quiser arriscar a própria pele, levando até o fim a experiência da própria vida e deixando bem claro que a vida não é uma continuação do passado, mas sempre um novo começo. Continuar é uma tarefa que até os animais são capazes de fazer, mas começar a inovar é a única prerrogativa do homem que o coloca acima dos animais", diz a autora com grande propriedade.

Descobertas são prerrogativas de quem busca.

Por mais que me pareça inatingível o entendimento da alma do Cid, creio que ele está diante de um começo, da transformação, da metanoia concebida por Carl Jung. A pergunta do empreendedor sempre é: "E agora?"

As deficiências não relacionadas com a capacidade mental não impedem a criatividade, a inovação, o protagonismo, o enfrentamento de riscos. São as restrições culturais, causa das verdadeiras "deficiências empreendedoras", que levam as pessoas a passar uma vida sem se conhecer, sem formular e buscar seus sonhos, sem desenvolver seus talentos ou acender sua paixão.

É no mundo do emprego, da descrição de cargos, da mera repetição de tarefas que as deficiências podem, em certos casos, representar impedimento. Isso não acontece no empreendedorismo.

CID: Enquanto você era infeliz e a travessia para a segunda metade da vida lhe trouxe uma perspectiva maior de felicidade, no meu caso, foi exatamente o contrário: eu perdi a alegria de viver. Você viveu seu inferno astral profissional até os 50; o meu, de uma certa forma, começou nesta fase. Mas, vendo por outro lado, o sofrimento e a deficiência me transportaram para outro mundo.

DOLABELA: Aos 50 anos, quando as duas linhas se encontram, o que temos em comum? O desafio de nos transformar.

CID: É verdade. Nunca me afastei do Direito, mas, paralelamente, trabalhei por mais de 20 anos em comunicação e marketing, sempre voltado ao universo tecnológico. Participei dos primórdios da internet no Brasil, fui diretor da StarMedia Networks, trabalhei com Governo Eletrônico em Brasília na gestão FHC, fundei a Câmara Brasileira de Comércio Eletrônico, criei e vendi empresa de WebTV, até quebrar o pescoço.

DOLABELA: E o que mudou de lá para cá?

CID: Não me vejo mais atuando nos mesmos papéis desempenhados no passado. Mas essa barreira não é necessariamente uma perda, porque, nesse universo da deficiência no qual mergulhei, em pouco tempo, eu já escalei pontos tão altos quanto aqueles que havia alcançado no mundo dito "normal". Pelas limitações e sacrifícios, sou hoje mais sofrido, mas alguém muito melhor. Penso nos outros e me dedico a eles de uma forma e com uma intensidade que não conhecia. Posso desempenhar papéis mais relevantes para a sociedade na área da deficiência, onde tudo está por ser feito.

DOLABELA: Evidentemente, não estamos comparando as nossas chegadas aos 50 anos. Você foi recebido por um golpe descomunal, consequência não do mau cálculo de risco ou de ações negativas, mas por forças que desconhecemos e chamamos de acaso. Além das repercussões mentais e do grande sofrimento físico, você passou a lidar com outro tipo de problema, uma espécie de pedágio doloroso para reentrar diariamente na vida. O que estamos fazendo é supor que tal idade pode ser, como acha Jung, um marco de transformação. Além disso, estamos constatando que a nossa cultura, a nossa forma de ser, inibe o pleno desenvolvimento da nossa capacidade de ousar, de criar, de nos rebelar, de nos conhecer e de transformar o mundo. Assim, devemos saudar as energias que levam às transformações, venham de onde vierem.

Em nossos diálogos, as emoções, os sonhos e os valores positivos para a coletividade são temas centrais. Isso porque empreender, da forma como entendemos o conceito, é buscar o caminho da liberdade, usar todos as potencialidades humanas para transformar, oferecendo coisas boas à sociedade.

No conceito de empreendedorismo, como de resto em todas as ações humanas, a ética deve ser e é o único instrumento capaz de separar empreendimentos do bem e empreendimentos do mal. Entendo que só podem ser classificados como empreendedores aqueles que, ao transformar através da inovação, oferecem valor positivo para a coletividade. Há aqueles que agem em proveito próprio ou subtraindo valores da coletividade. Esses, mesmo esbanjando competência, não podem ser enquadrados no rol dos empreendedores.

Apoiados no falso pressuposto de que não criamos o problema, fechamos os olhos ao que nos desagrada — a miséria, a exclusão, a deficiência. São bem-vindas as leis que garantem a inserção das pessoas com deficiência no mundo do trabalho. Mas tais leis não representam a única forma de libertá-las e de indicar o caminho da elevada autoestima. As pessoas com deficiência não podem depender apenas dessas leis para serem autoras de suas próprias vidas ou para colaborar, como todos, na grande aventura de transformar o mundo, inovando e oferecendo coisas boas, valores positivos, à coletividade.

Essa é natureza das reflexões que pretendemos partilhar com o leitor. Elas constituem uma doce e grande dívida que passo a ter com o Cid.

Capítulo 5

O UNIVERSO DA DEFICIÊNCIA

Apesar dos avanços nas políticas públicas e da crescente inclusão das pessoas com deficiência na sociedade, ainda há muito a ser feito para que direitos, oportunidades e cidadania sejam equiparados aos das pessoas sem deficiência.

Na verdade, os números sobre deficiência são alarmantes. Segundo a Organização das Nações Unidas (ONU), há um bilhão de pessoas com deficiência no mundo de hoje, ou seja, cerca de 15% da população global está nessa situação. Destas, aproximadamente 190 milhões apresentam deficiências graves. É muita gente!

No Brasil, de acordo com o Censo do IBGE, de 2010, 23,9% dos brasileiros, ou algo como 45 milhões de pessoas, têm algum tipo de deficiência. Compõem esse quadro mais de 25,8 milhões de mulheres e 19,8 milhões de homens. Do total, 38,4 milhões concentram-se nas áreas urbanas, restando 7,1 milhões em áreas rurais[1]. Por causa desses números realmente impressionantes, bem maiores do que os contingentes de negros, índios e estrangeiros, alguém já qualificou as pessoas com deficiência como "nossa maior minoria"[2]. Isso é resultado da realidade de um país que se tornou uma verdadeira fábrica de pessoas com deficiência. Elas são produzidas por falhas médicas e mazelas do sistema de saúde, pelo holocausto do trânsito e pela guerra civil da violência urbana. O quadro é tão grave que nos coloca muito fora da curva estatística internacional.

---

[1] Para mais informações, consulte a Cartilha do Censo 2010 Pessoas com Deficiência, publicada em 2012 pela Secretaria Nacional de Promoção dos Direitos da Pessoa com Deficiência, disponível em http://www.pessoacomdeficiencia.gov.br/app/sites/default/files/publicacoes/cartilha-censo-2010-pessoas-com-deficienciareduzido.pdf. O documento enfoca as características demográficas e econômicas, condições de educação, trabalho e renda desse segmento populacional.

[2] *Pessoas com Deficiência: Nossa Maior Minoria* é o título de excelente artigo de Wederson Rufino dos Santos, mestrando em Política Social na Universidade de Brasília (UnB).

Contudo, é bom lembrar: deficiência é um conceito estabelecido em lei, com base no Código Internacional de Doenças (CID), complementado pela Classificação Internacional de Funcionalidade (CIF), ambos os documentos publicados pela Organização Mundial de Saúde (OMS). Não podemos confundir as deficiências definidas pela legislação com outras incapacidades e com mobilidade reduzida, o que inflaria ainda mais os números da deficiência no país.

A advogada Tatiana Salim Ribeiro esclarece bem essa questão, mostrando que nem toda deficiência é considerada para fins de proteção legal. É preciso que a pessoa tenha "algum tipo de limitação, física, mental, sensorial ou múltipla, que a incapacite para o exercício de atividades normais da vida e que comprometa sua inserção social"[3].

	PESSOAS COM DEFICIÊNCIA (VISUAL, AUDITIVA, MOTORA E INTELECTUAL) CENSO IBGE 2010									
	POPULAÇÃO COM DEFICIÊNCIA São Paulo e Brasil									
LOCAL	População total	Pessoas com deficiência	% Def. s/pop. total	Def. visual	% Def. visual s/pop. Total	Def. auditiva	% Def. auditiva s/ pop. Total	Def. motora	% Def. motora s/ pop. Total	Def. Intelectual	% Def. Intelectual s/pop. total
ESTADO DE SÃO PAULO	41.262.199	9.344.109	22,6	7.344.037	17,8	1.893.359	4,6	2.561.856	6,2	502.931	1,2
BRASIL	190.755.799	45.606.048	23,9	35.774.392	18,8	9.717.318	5,1	13.265.599	7,0	2.611.536	1,4

Nota: O percentual de pessoas com deficiência e as deficiências foram calculados utilizando-se a população total de São Paulo e Brasil
Fonte: Censo Demográfico, IBGE2010

[3] Tatiana Salim Ribeiro, "A Inclusão das Pessoas com Deficiência no Mercado de Trabalho e a Ineficácia da Aplicação da Lei de Cotas nas Empresas Privadas", monografia apresentada ao Centro de Estudos Jurídicos Federais (Ceajufe) como requisito parcial para obtenção do título de especialista em Direito Material e Processual do Trabalho e publicada na revista virtual Âmbito Jurídico (artigo 11835).

POPULAÇÃO COM DEFICIÊNCIA – por Região

LOCAL	População total	Pessoas com deficiência	% Def. s/pop. Total	Def. visual	% Def. visual s/pop. Total	Def. auditiva	% Def. auditiva s/ pop. Total	Def. motora	% Def. motora s/ pop. total	Def. Intelectual	% Def.intelectual s/ pop. Total
BRASIL	190.755.799	45.606.048	23,9	35.774.392	18,8	9.717.318	5,1%	13.265.599	7%	2.611.536	1,4
NORTE	15.864.454	3.654.137	23,0	2.982.832	18,8	737.314	4,6	964.463	6,0	183.587	1,2
NORDESTE	53.081.950	14.130.717	26,6	11.247.422	21,2	3.071.353	5,8	4.125.241	8,0	826.170	1,6
SUDESTE	80.364.410	18.499.909	23,0	14.387.459	17,9	3.835.774	4,8	5.412.360	7,0	1.053.910	1,3
SUL	27.386.891	6.159.670	22,5	4.621.938	16,9	1.439.026	5,3	1.943.885	7,0	378.124	1,4
CENTRO-OESTE	14.058.094	3.161.616	22,5	2.534.857	18,0	633.851	4,5	819.651	6,0	169.743	1,2

Fonte: Censo Demográfico, IBGE2010

Arredondando, podemos dizer que 58% da população com deficiência tem algum problema visual, são pessoas cegas ou com baixa visão, seja por motivos congênitos, seja, principalmente, em decorrência da idade. Cerca de 22% apresentam diferentes tipos de deficiência motora, enquanto 16% estão divididos entre vários graus de deficiência auditiva e, em menor escala, 4% têm deficiência intelectual.

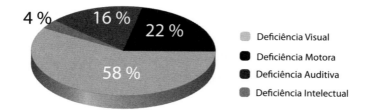

Para um país "grande produtor" de deficiências, como o Brasil, faltam números que permitam uma abordagem verdadeiramente fidedigna sobre a questão. Apesar disso, eis alguns cenários a título de exemplo:

- No trânsito, são mais de 60 mil mortes por ano e cerca de 350 mil pessoas ficam com algum tipo de deficiência ou sequela permanente;

- A violência vai além das 50 mil mortes por ano (cerca de 27 mil são jovens de 15 a 24 anos) e mais de 20 mil dos atingidos sobrevivem com alguma deficiência.

O Mapa da Violência 2013 Acidentes de Trânsito e Motocicletas[4] mostra a evolução da estrutura das internações no período 1998-2012. Nos primeiros cinco anos, as internações eram lideradas pelos pedestres acidentados, que representavam pouco mais da metade do total. A partir de 2002, a participação de pedestres foi caindo até chegar, em 2012, a 27,5% do total. Em contrapartida, os ocupantes de motocicletas, que em 1998 representavam só 17,4% das internações, saltaram para 55,5% em 2012.

Ainda são registrados, todos os anos, casos de paralisia infantil, a despeito das campanhas de vacinação e da certificação internacio-

---

[4] Este trabalho de autoria do sociólogo Julio Jacobo Waiselfisz, diretor de pesquisa do Instituto Sangari, organizado pelo Centro Brasileiro de Estudos Latino-Americano (Cebela) em parceria com a Faculdade Latino-Americana de Ciências Sociais (Flacso) e está acessível em http://www.mapadaviolencia.org.br/pdf2013/mapa2013_transito.pdf (acessado em julho de 2014).

nal da erradicação dada ao Brasil em 1994. Também são registrados vários casos de malformações em recém-nascidos, como sequela da ingestão de talidomida pelas mães. A paralisia cerebral, motivada por falta de oxigenação no cérebro do feto ou do recém-nascido, vitima 17 mil bebês/ano. Sem mencionar outras situações evitáveis, que continuam a flagelar a população brasileira, principalmente de baixa renda.

Acidentes, muitas vezes banais, como queda de laje, tombo em calçada, mergulho em piscina, mar e afins, atingem dez mil pessoas todos os anos. Também temos quase 200 mil pessoas com deficiências provocadas por acidente vascular cerebral (AVC) e doenças degenerativas. Grande destaque para as motocicletas, que matam e mutilam milhares de jovens brasileiros. De acordo com pesquisa mundial do Instituto Sangari, cujo Mapa da Violência 2012 foi publicado pela revista *Veja*, o Brasil é o segundo colocado no *ranking* de acidentes fatais envolvendo motocicletas, com 7,1 mortes por 100 mil habitantes, atrás apenas do Paraguai, com 7,5, e muito à frente do terceiro colocado, que é a Tailândia, com 4,6 óbitos por 100 mil habitantes.

Para melhor compreensão do problema da Talidomida, lembremos que esse medicamento foi desenvolvido nos anos 1950 na Alemanha e foi amplamente receitado para combater o enjoo das grávidas, sem que se conhecessem seus efeitos teratológicos, isto é, seu potencial de causar deformação nos fetos. Em todo o mundo, os casos de malformações congênitas chegaram a cerca de 10 mil bebês no início dos anos 1960, ocasião em que a Talidomida foi retirada da lista de remédios indicados para gestantes. Atualmente, por ser barato e muito eficaz contra dores crônicas, vem sendo utilizado no tratamento de câncer de medula e hanseníase, razão pela qual continua disponível no mercado.

Existe necessidade de receita médica para adquirir esse medicamento, secundada por determinação do Ministério da Saúde para que não seja prescrito para certos grupos de risco, principalmente mulheres em idade fértil. Porém, nem todos os médicos do sistema de saúde estão devidamente informados sobre o assunto e ignoram que estão lidando com a mesma substância que causou tanto estrago nos anos 1950-1960.

Produzimos um grande contingente de jovens com deficiência, e é essa juventude com deficiência que faz do Brasil uma potência paralímpica. Por outro lado, reflete também o fato de que, apesar de todas as nossas mazelas e carências, temos uma rede de assistência que funciona minimamente e consegue atender pelo menos a uma pequena parcela das pessoas com deficiência, encaminhando-as para o esporte. Este representa tremendo campo para reabilitação e reinserção social, além de permitir a prática de atividades e de lazer idealmente em companhia de outros jovens.

O sétimo lugar obtido pelo Brasil nos Jogos Paralímpicos de Londres, em 2012, com 21 medalhas de ouro, 14 de prata e 8 de bronze, colaborou para demonstrar os esforços crescentes em paradesporto, destacando a atuação do Comitê Paralímpico Brasileiro. E também do Estado de São Paulo, que, além de patrocinar o Time São Paulo Paralímpico, cuja presença deu expressiva contribuição ao quadro de medalhas brasileiras, tem sido referência nas iniciativas paraescolares. Figurando em Londres com equipe de 25 atletas, sendo quatro atletas-guias, agora o time tem 41 membros e se prepara para as Olimpíadas de 2016, que acontecerão no Rio de Janeiro.

Sentir-se incluído, conviver normalmente em sociedade, eliminar as barreiras físicas e atitudinais, são estes os objetivos a serem alcançados. O que leva à ponderação sobre a importância da educação inclusiva, semeando um mundo melhor entre as crianças, a começar pela escola, com a certeza de que crescerão de forma integrada, aceitando as diferenças e convivendo em harmonia.

CID: Mais do que as limitações físicas, é a barreira atitudinal que funciona como a maior restrição que a pessoa com deficiência sofre. Quando ela não se sente querida, principalmente pela própria família envergonhada, ela tem a percepção de que tudo é mais difícil, o mundo lhe é adverso. Sobretudo se a pessoa com deficiência for uma criança que cresce sentindo isso.

DOLABELA: Infelizmente, como costumo dizer, não existe um estoque de autoestima que se possa distribuir a quem precisa. Elevar a autoestima é um processo interno ao indivíduo. O que se pode fazer é criar o contexto para que a pessoa com deficiência a recupere.

CID: Na educação de pessoas com deficiência, é indispensável um trabalho grande de fortalecimento de personalidade. Deve-se dizer a elas: "A situação é adversa, mas isso não quer dizer que você não possa. Pelo contrário, você pode e deve; vai depender de você".

DOLABELA: Ter elevada autoestima é indispensável para criar, inovar. A recuperação da autoestima abalada é um passo importante na educação empreendedora para indivíduos com deficiência. Outro diz respeito à sua empresa, à luta interna para a descoberta dos próprios talentos, que é tão ou mais importante do que a aquisição de conhecimentos.

Enquanto a maioria das pessoas vive e morre sem conhecer ou explorar suas potencialidades, os empreendedores sabem reconhecer e utilizar seu talento e sua emoção. Por isso, o empreendedorismo é um caminho excelente para as pessoas com deficiência.

CID: Concordo com você quando diz que o empreendedorismo para pessoa com deficiência é uma porta muito interessante e, para muitos, uma opção mais adequada do que a porta do emprego. Na verdade, temos que contemplar todo um ecossistema de opções de trabalho e renda, principalmente se pensarmos que a esmagadora maioria das pessoas com deficiência estão fora do processo produtivo.

DOLABELA: As escolas também não devem buscar a conformidade, mas, pelo contrário, estimular a diversidade. Aí, sim, haverá espaço para a descoberta do talento, da paixão e da elevada autoestima. O problema é que, no Brasil, passamos um século preparando pessoas em escolas técnicas

> e universidades para operar sistemas e tecnologias criados por outros. Eu os chamo de "apertadores de parafusos", porque não inovam.
>
> Agora, quando a inovação se tornou o principal fator de competitividade das empresas, elas vão ter muita dificuldade de migrar para uma gestão empreendedora, porque isso implica amenizar a forte hierarquia e oferecer liberdade para criar e errar. A gestão baseada em comando e controle não é adequada ao empreendedorismo interno.

Esse "modelo inclusivo" de ensino, visa possibilitar a todos, com ou sem deficiência, a mesma oportunidade de acesso, permanência e aproveitamento do ambiente escolar. Isso se faz por meio da combinação entre educadores capacitados, recursos tecnológicos e infraestrutura acessível, sendo hoje, independentemente de algumas críticas, a recomendação para incluir pessoas com deficiência e proporcionar-lhes qualidade de vida, permitindo o desenvolvimento de suas potencialidades, melhor socialização e impacto positivo em seu futuro.

Embora a realidade das pessoas com deficiência tenha mudado muito — e positivamente — nos últimos anos, ainda há muita desinformação, preconceito e paternalismo, sentimentos que acompanham a pessoa com deficiência desde sempre, ao longo do progresso da humanidade.

Capítulo 6

MILÊNIOS DE EXCLUSÃO

Em termos de força política, o principal movimento de luta pelos direitos das pessoas com deficiência nasceu após a II Guerra Mundial, nos anos 1950 e se intensificou na década de 1960, sobretudo nos EUA. Foi essa luta que pautou os avanços que hoje vivemos. Mas a história das pessoas com deficiência é, na verdade, marcada pelo preconceito e pela violência, como se poderá ver a seguir[1].

As sociedades primitivas sacrificavam ou abandonavam aqueles que não conseguiam acompanhar o grupo. Crenças e religiões atribuíam-lhes influências malignas, já que as deficiências eram vistas como castigo das divindades. De qualquer forma, essas pessoas tinham vida curta, já que os grandes avanços da medicina vieram socorrê-las apenas a partir da metade do século XX.

Em papiros e esculturas, há relatos de que as pessoas com deficiência eram respeitadas e participavam ativamente da vida social no Egito Antigo, mas a regra, até recentemente, sempre tendeu para o isolamento e a eliminação, valendo-se inclusive da ciência para determinar o entendimento eugenista e darwinista da questão — isto é, tendo como base as teorias de aperfeiçoamento racial não natural (Galton) e natural (Darwin).

Na Grécia, por exemplo, Platão e Aristóteles pregavam a execução dos "disformes" já na infância. Em Esparta, só os fortes tinham

---

[1] As informações históricas deste capítulo foram em parte colhidas no artigo *A Pessoa com Deficiência e sua Relação com a História da Humanidade*, da jurista Maria Aparecida Gugel, membro do Conselho Nacional dos Direitos da Pessoa com Deficiência (Conade). Também recorremos à dissertação de mestrado *A Concretização do Direito ao Trabalho e as Pessoas com Deficiência Intelectual*, defendida em 2012 na Faculdade de Educação da Universidade de São Paulo pelo sociólogo Edivaldo Félix Gonçalves, que é professor no Ensino Médio de Osasco e assessor técnico da prefeitura local, encarregado do desenvolvimento da política educacional de inclusão de alunos com deficiência na rede comum e da coordenação de transporte especial para pessoas com deficiência com mobilidade reduzida.

direito a viver, embora Homero, o poeta a quem se atribui a escrita dos épicos *Ilíada* e *Odisseia*, fosse cego. Mas o preconceito e a violência, além das próprias limitações motoras, sempre recaíram mais sobre as pessoas com deformidades físicas.

Em Roma, os pais podiam afogar os filhos com deficiência, prática que foi sendo amenizada com a disseminação do cristianismo já oficial, a partir do século V, e com o surgimento dos primeiros hospitais e asilos para abrigar os mutilados de guerra e "inválidos".

A literatura mostra, com personagens como Quasímodo, protagonista de *O Corcunda de Notre Dame*, de Victor Hugo, e Salvatore, de *O Nome da Rosa*, de Umberto Eco, que igrejas e monastérios podiam ser locais de refúgio para pessoas com deficiência. Mas, na Idade Média, cheia de superstições, as deficiências ainda eram consideradas obra do demônio. Tal crença era tão arraigada que o reformador Martinho Lutero (1483-1546) ainda pregava castigo e afogamento de crianças com deficiência intelectual ou doença mental.

Na Idade Moderna, com a queda de Constantinopla, em 1453, e no Renascimento, no século XVI, a situação das pessoas com deficiência começava lentamente a melhorar. Isso porque, o humanismo, que caracteriza o período, preconizava a valorização do indivíduo e o desenvolvimento máximo de suas potencialidades. Em nosso tema, isso equivale à crença na possibilidade de tratar, treinar e integrá-las à comunidade como seres produtivos.

Esse movimento teve um precursor na França: o rei Luís IX, ou São Luís (1214-1270), que construiu o primeiro hospital para cegos. O monge beneditino Pedro Ponce de León (1520-1584), na Espanha, contemporâneo da Era dos Descobrimentos, criou o primeiro método de comunicação por sinais, que lhe permitia atuar como professor de pessoas com deficiência auditiva. É também dessa época o surgimento de cadeiras de rodas, órteses e próteses mais elaboradas[2].

---

[2] Órteses são dispositivos externos aplicados ao corpo para modificar aspectos funcionais ou estruturais do sistema neuro musculoesquelético para obtenção de alguma vantagem mecânica ou ortopédica. Já as próteses são componentes artificiais utilizados para suprir necessidades e funções de partes do corpo amputadas. Em síntese, a órtese dá apoio, enquanto a prótese substitui.

Capítulo 6: MILÊNIOS DE EXCLUSÃO

Um momento histórico muito emblemático, principalmente por romper com o padrão e valorizar a pessoa com deficiência, foi a construção em Paris, em 1670, do complexo denominado *Les Invalides* (literalmente, "Os Inválidos"). Luiz XIV (1638-1715), o Rei-Sol, além de legar com esse conjunto de edificações um grande monumento arquitetônico ao mundo, homenageou os combatentes das campanhas francesas que sofreram amputações ou adquiriram deficiências nas guerras da época.

Ao criar um sanatório para tratamento e reabilitação desses soldados e um local para que residissem após a baixa da vida militar, o rei, com aguçado senso político ou verdadeira gratidão, fez mais: instituiu "os inválidos" como sua guarda real. Essa ação, que teve grande repercussão, foi talvez a primeira manifestação histórica, emblemática, de valorização da pessoa com deficiência.

Com a Revolução Francesa, o Iluminismo e a reestruturação do estado francês por Napoleão Bonaparte (1769-1821), começaram a surgir as grandes instituições especializadas, principalmente para surdos e cegos, como o Instituto Nacional dos Jovens Cegos de Paris, onde foi criado, por Louis Braille, o padrão de escrita em alto-relevo usado até hoje.

Ainda na França, o médico Philippe Pinel (1745-1826), por sua vez, passou a abordar as pessoas com perturbações mentais como doentes que necessitavam de tratamento, e não mais com violência.

A iniciativa de Luís XIV influenciou outros poderosos europeus. Começou a ganhar força a ideia de reabilitação, principalmente de soldados mutilados, o que viraria lei na Alemanha do chanceler Otto von Bismark em 1884. Também no século XIX, o czar Nicolau II da Rússia (1868-1918) teve papel importante no desenvolvimento de estudos sobre hemofilia, pois Alexei, seu único filho varão, sofria da doença.

No Brasil, apenas em meados do século XIX, durante a regência de Dom Pedro II, fortemente influenciado pelos avanços científicos e mudanças de comportamento na Europa, foram criados os primeiros centros especializados, como o Imperial Instituto dos Meninos Cegos, atualmente Instituto Benjamin Constant, em 1854 e o Asilo dos Inválidos da Pátria, em 1868 — ainda durante a Guerra do Paraguai, que só terminou em 1870.

Dizem que nosso imperador teria trazido da França o professor Hernest Huet para ensinar um de seus netos a se comunicar, pois ele seria surdo. No entanto, segundo o historiador norte-americano Roderick Barman[3], quem sofria de surdez era o pai do garoto, o Conde d'Eu, marido da princesa Isabel.

Seja como for, a convite de Dom Pedro II, o Conde Huet — que tinha uma deficiência auditiva — aportou no Brasil em 1855, tendo organizado e inaugurado em 1857 o Imperial Instituto dos Surdos- -Mudos, hoje Instituto Nacional de Educação de Surdos. Ali começou a nascer a nossa Libras — Língua Brasileira de Sinais, com forte "sotaque" francês.

Os sucessos obtidos com pacientes de variadas necessidades entusiasmou médicos, cientistas e educadores, mas nunca satisfizeram à expectativa da maioria, que era a obtenção da "cura" das pessoas com deficiência. Isso fez refluir as iniciativas de atendimento a elas, crescendo por um lado a segregação — alegadamente, porque seriam "perigosas para a sociedade" — e por outro o movimento pela esterilização, de modo a evitar a proliferação dos "diferentes".

---

[3] Ver Roderick J. Barman, *Princesa Isabel do Brasil: Gênero e Poder no Século XIX.* Editora Unesp, 2005.

Capítulo 7

UM SÉCULO DE REIVINDICAÇÕES

Foi em clima de abandono das concepções de treinamento para a reintegração social que terminou o século XIX e se iniciou o século XX. Em poucas palavras, as pessoas com deficiência voltavam a ser destinadas à invisibilidade.

O ano de 1904 mostrou que nem todos haviam desistido da causa dos direitos das pessoas com deficiência. Foi com dois grandes eventos: a primeira Conferência sobre Crianças Inválidas, realizada em Londres, Inglaterra, e o Congresso Mundial dos Surdos, organizado em Saint Louis, EUA. Na sequência, em 1907, deu-se em Boston a primeira Conferência da Casa Branca sobre Cuidados de Crianças Deficientes.

A Primeira Guerra Mundial (1914-1918) e a Grande Depressão, a partir da quebra da Bolsa de Nova York, em 1929, pioraram a qualidade de vida das populações em todo o mundo, com impacto extremamente negativo para as pessoas com deficiência.

Na verdade, a Grande Guerra, ao consumir cerca de 10 milhões de vidas e deixar um sem-número de pessoas com sequelas permanentes, aumentou a responsabilidade dos governos dos países afetados, principalmente na Europa, quanto à necessidade de desenvolver políticas públicas voltadas para assistência, reabilitação e inclusão dessas vítimas. Não por vontade própria, mas porque os "inválidos" haviam começado a reivindicar atenção.

Não demorou para que fosse despertado o interesse de atender a pessoas cujas deficiências não se originavam da atividade bélica. Até a ciência da genética foi estimulada nessa ocasião, para busca das causas e possível prevenção das deficiências. Contudo, ainda se estava sob a influência da eugenia fundada nos estudos de *sir* Francis Galton, que defendia o controle genético das desordens mentais transmitidas hereditariamente. Em outras palavras: a esterilização.

Foi no contexto do pós-guerra que surgiram as primeiras associações e entidades em prol dos direitos das pessoas com deficiência, como a Sociedade Escandinava de Ajuda a Deficientes, atualmente conhecida como *Rehabilitation International*, e a Organização Internacional do Trabalho (OIT), que trouxe como um de seus objetivos a reabilitação de pessoas com deficiência para o mercado de trabalho.

Mais tarde, durante a Segunda Guerra Mundial (1939-1945), as ideias eugenistas chegaram aos píncaros da glória e da loucura: estima-se que pelo menos 200 mil pessoas com deficiência tenham sido eliminadas e mais de 400 mil esterilizadas durante o Holocausto nazista. Além disso, 28 milhões de pessoas, tanto soldados quanto civis, sofreram mutilações permanentes em decorrência das atividades bélicas.

Como resultado das sequelas de guerra, não era mais possível ignorar os direitos das pessoas com deficiência, o que ficaria patente na Declaração Universal dos Direitos Humanos, formulada em 1948 pela recém-criada Organização das Nações Unidas (ONU), que substituiu a antiga Sociedade — ou Liga — das Nações.

Em seu artigo segundo, a Declaração estabelece:

> Toda pessoa tem capacidade para gozar os direitos e as liberdades estabelecidos nesta Declaração, sem distinção de qualquer espécie, seja de raça, cor, sexo, língua, religião, opinião política ou de outra natureza, origem nacional ou social, riqueza, nascimento, ou qualquer outra condição.

A bela utopia começou a se tornar realidade nos países escandinavos, que passaram a viver sob o signo da normalização da vida, também denominado "paradigma da integração", pelo qual as pessoas com deficiência deveriam se ajustar e se adaptar ao cotidiano do meio social. Neste caso, a escolarização em pleno convívio de crianças com e sem deficiência haveria de ser um ponto básico.

Capítulo 7: UM SÉCULO DE REIVINDICAÇÕES

Mas foi somente após as guerras da Coreia (1950-1953) e do Vietnã (1955-1975), que o cenário mudou, a partir principalmente dos EUA, onde tiveram participação fundamental os soldados com deficiência, exigindo mudanças radicais na forma como eram tratados. Foi assim que o movimento de reivindicações que conhecemos hoje começou a tomar forma. Progressos passaram a ser conquistados no mundo inteiro, mas o papel dos EUA foi seminal, influenciando movimentos similares na Europa e em outras partes do mundo.

Nessa história, não podemos esquecer que Franklin Delano Roosevelt, presidente dos Estados Unidos de 1933 a 1945, teve poliomielite e ficou com sequelas que tentava esconder de todas as formas. Por outro lado, o presidente cadeirante estimulou estudos e fez investimentos que resultaram em vacinas — tanto de vírus inativo quanto de vírus vivo atenuado, como a do médico Albert Sabin, que se tornou o recurso preferencial a partir de 1961 no controle dessa doença tão agressiva. Milhares de pessoas foram levadas à morte ou à paralisia nos surtos de poliomielite das primeiras décadas do século XX.

Na verdade, muitas das pessoas com sequelas de pólio, nos EUA, no Brasil e no mundo, tiveram papel de protagonismo no movimento político pelos direitos das pessoas com deficiência. Talvez porque pertencessem a todas as camadas sociais — e não só às classes baixas — e pudessem, graças aos progressos médico-farmacêuticos, sobreviver, ir à escola e se tornar as primeiras a conviver em sociedade de forma mais integrada.

Aqui no Brasil, até hoje, alguns dos principais expoentes do movimento político das pessoas com deficiência são "sequelados" de pólio, e o que fizeram pela causa, nos últimos 40 anos, deve ser conhecido, reconhecido e valorizado. Reflexo de seu ativismo são as grandes instituições dedicadas às crianças: em 1950, a Associação de Assistência à Criança Defeituosa (AACD); em 1952, a Sociedade Pestallozzi; e, em 1954, a Associação de Pais e Amigos dos Excepcionais (APAE). Elas foram pioneiras no objetivo de prover assistência, reabilitação e educação especial, que só foi disciplinada pela primeira vez na Lei de Diretrizes e Bases da Educação Nacional de 1961.

Os anos 1950 e 1960 registraram também grandes avanços da medicina, *pari passu* com outros progressos da humanidade, como o crescimento econômico, a democratização de muitos países, a consciência sobre direitos humanos, a liberalização dos costumes, a pílula anticoncepcional, os hippies e o *Flower Power*, com sua pregação de paz e amor, que, definitivamente, impactaram o mundo e a vida das pessoas com e sem deficiência.

Ao lado de novas metodologias educacionais, também o esporte foi usado, ainda que timidamente, para reabilitação de pessoas com deficiência desde o final do século XIX, com as primeiras competições específicas datando do período entre guerras — anos 1920, sobretudo.

O momento histórico mais emblemático do paradesporto também aconteceu nessa época de mudanças culturais e valorização do indivíduo. Em julho de 1948, foram realizados os primeiros jogos para atletas em cadeiras de rodas, os *Stoke Mandeville Games*, na Inglaterra, que incentivaram muitas pessoas com deficiência à prática esportiva e deram origem às Paraolimpíadas, cujos primeiros jogos se deram em Roma, em 1960.

Em 1968, em Berkley, na Califórnia, um grupo de cadeirantes motorizados, com grandes restrições de mobilidade, começou a batalhar por direitos no âmbito da universidade, logrando a construção das primeiras calçadas rebaixadas do mundo e os primeiros cursos superiores a aceitar pessoas com deficiência. Era uma demanda aparentemente simples, mas é preciso lembrar que, embora o ambiente estivesse bem mais aberto para o convívio social das pessoas com deficiência, ainda não havia independência para elas. De invisíveis tornavam-se públicas, mais ainda totalmente sob tutela.

O grupo de oito cadeirantes que deu início às manifestações e demandas, liderado por Ed Roberts, ficou conhecido como *The Rolling Quads* (que poderíamos traduzir como "Os Tetraplégicos Rolantes"), em alusão aos *The Rolling Stones*, seus contemporâneos. A partir do primeiro Centro de Vida Independente, instalado em Berkley em 1972, eles expandiram o *Independent Living Movement*, ou Movimento pela Vida Independente, que acabou sendo replicado no mundo inteiro — por um lado, como movimento social e polí-

Capítulo 7: UM SÉCULO DE REIVINDICAÇÕES

tico; por outro, como fonte de informações e serviços para pessoas com deficiência.

Por aqui, as iniciativas em vários estados fizeram dos CVIs, ou Centros de Vida Independente, grandes polos formadores de lideranças e de formulação dos pleitos do segmento. Seus princípios:

- São as pessoas com deficiência que devem saber e decidir o que precisam para ter melhor qualidade de vida;

- Suas necessidades variam, como as de qualquer ser humano, e, por isso, devem ser atendidas por uma variedade de serviços e equipamentos adequados;

- A tecnologia assistiva e as ajudas técnicas podem representar a diferença entre a dependência e a autonomia;

- As pessoas com deficiência devem viver com dignidade, incluídas em suas comunidades;

- A cidadania não depende do que uma pessoa é capaz de fazer fisicamente, mas, sim, das decisões que ela pode tomar por si só;

- A pessoa com deficiência é que deve ter o controle e estar no comando de sua situação;

- A autodeterminação, a autoajuda e a ajuda mútua são processos que permitem que as pessoas com deficiência possam controlar suas vidas;

- A inclusão entre pessoas com diferentes deficiências facilita a inclusão entre pessoas com e sem deficiência;

- Vida independente é um processo em que cada agente é responsável por moldá-la e mantê-la, e não um produto pronto para ser consumido indistintamente por diferentes tipos de usuários.

As principais conquistas se deram, sem dúvida, no âmbito jurídico, com a aprovação de várias legislações específicas. Elas começaram a mudar a forma como as pessoas com deficiência eram vistas e tratadas, resultando em queda na segregação, aumento da autonomia e do poder de decisão, com sensível diminuição na tutela imposta por autoridades, médicos e familiares.

No começo dos anos 1970, ainda nos EUA, era criado pelo arquiteto e cadeirante Ronald (Ron) Mace o conceito de Desenho Universal, uma evolução da ideia de acessibilidade, que tem como axioma produzir objetos, aparelhos, espaços, serviços e formas de comunicação que possam ser usados idealmente por todas as pessoas, com e sem deficiência, sem necessidade de adequações ou adaptações.

Conceitualmente, o *Universal Design* do arquiteto americano também representou, e ainda representa, uma grande evolução, pois traz a ideia de um mundo para todos, sem separações ou segregações, onde todas as pessoas podem desfrutar de bens e serviços de forma conjunta. Seus fundamentos são:

- PRINCÍPIO IGUALITÁRIO — Uso equiparável: ser útil a pessoas com capacidades diversas, proporcionando usabilidade a todos;

- PRINCÍPIO ADAPTÁVEL — Uso flexível: ser passível de adaptação e adequado a pessoas com diferentes habilidades e preferências individuais;

- PRINCÍPIO ÓBVIO — Uso simples e Intuitivo: ser de fácil compreensão, independentemente de experiência, habilidade de linguagem, nível de formação e concentração do usuário;

- PRINCÍPIO CONHECIDO — Informação de fácil percepção: a informação necessária deve ser transmitida visando atender a todos, de forma eficaz, independentemente de idioma, condições ambientais ou dificuldades sensoriais, através de recursos pictográficos, verbais ou táteis;

- PRINCÍPIO SEGURO — Tolerante ao erro: visa minimizar riscos e consequências negativas decorrentes de ações acidentais ou involuntárias;

Capítulo 7: UM SÉCULO DE REIVINDICAÇÕES

- **PRINCÍPIO DO ESFORÇO MÍNIMO** — Baixo esforço físico: estabelece que o uso de produtos e serviços deve ser eficiente e confortável, com o mínimo esforço possível e evitando provocar fadiga;

- **PRINCÍPIO ABRANGENTE** — Dimensão e espaço para aproximação e uso: determina que o tamanho e o espaço para aproximação, alcance, manipulação e uso sirvam a todos, independentemente de estatura, tamanho do corpo, postura ou mobilidade.

Ainda na década de 1970, ganhou força um novo conceito: o da inclusão. Era um passo adiante à ideia de "integração", que se mostrava ainda limitada. Em 1976, a ONU estabeleceu que 1981 seria o Ano Internacional das Pessoas Deficientes, tendo como lema "Participação Plena e Igualdade". Isso desencadearia ações positivas tanto da sociedade civil quanto de governos em todo o mundo.

Como reflexo disso, no Brasil, uma emenda à Constituição abordou a questão pela primeira vez na história nacional: "É assegurada aos deficientes a melhoria de sua condição social e econômica". Era a Emenda Constitucional n° 12, promulgada pelas mesas da Câmara dos Deputados e do Senado Federal em 17 de outubro de 1978, que enumerava as ferramentas para tal avanço na vida das pessoas com deficiência:

I — Educação especial e gratuita;

II — Assistência, reabilitação e reinserção na vida econômica e social do país;

III — Proibição de discriminação, inclusive quanto à admissão ao trabalho ou ao serviço público e a salários;

IV — Possibilidade de acesso a edifícios e logradouros públicos.

Resultava da iniciativa da ONU o estabelecimento do "Paradigma da Inclusão", pelo qual a sociedade é instada a se modificar para acolher as pessoas com deficiência. Na verdade, tratava-se de uma chamada para que toda a sociedade se envolva nesse processo — algo que ainda está em curso.

No ano seguinte, a ONU voltava ao tema com a Resolução nº 37/52, de 3 de dezembro de 1982. Era o Programa de Ação Mundial para Pessoas com Deficiência, outro marco histórico, pretendendo "promover medidas eficazes para a prevenção da deficiência e para a reabilitação e a realização dos objetivos de igualdade e de participação plena das pessoas com deficiência na vida social e no desenvolvimento".

A influência desse programa, no caso do Brasil, pode ser vista na criação da Coordenadoria para Integração da Pessoa Portadora de Deficiência (CORDE), hoje Secretaria Nacional de Promoção dos Direitos das Pessoas com Deficiência, no texto da nova Constituição, promulgada em 1988 — e que foi cercada por grande interesse pelo assunto, tendo provocado intenso debate antes e depois da Constituinte — e na aprovação do Estatuto da Criança e do Adolescente, em 1990, que consagra o conceito de ensino inclusivo, determinando atendimento educacional especializado para pessoas com deficiência, preferencialmente na rede regular de ensino.

No plano internacional, merecem destaque a Declaração de Salamanca, de 1994, na qual dirigentes de 80 países, reunidos na Espanha, se comprometeram a garantir os direitos das pessoas com deficiência. Esse documento, um dos mais importantes relativos aos direitos educacionais, proclama as escolas regulares inclusivas como o meio mais eficaz de combate à discriminação, determinando que todas as crianças sejam acolhidas, independentemente de suas condições físicas, intelectuais, sociais, emocionais ou linguísticas.

Outro momento importante foi a assinatura da Convenção Interamericana para a Eliminação de Todas as Formas de Discriminação contra a Pessoa com Deficiência, ocorrida em sessão da Organização dos Estados Americanos (OEA), na Guatemala, em 2001. Para compreender o alcance dessa norma, que foi aprovada pelo Congresso Nacional e se tornou vigente no país pelo Decreto nº 3.956, de 8 de outubro de 2001, basta dizer que contraria a lei internacional e a do país aquele que coloca a criança em idade escolar no ensino especial, em vez de encaminhá-la para o Ensino Fundamental.

Capítulo 7: UM SÉCULO DE REIVINDICAÇÕES

Isso significa dizer que o direito de acesso ao Ensino Fundamental e a permanência nele é um direito humano indisponível. Por isso, as pessoas com deficiência, em idade de frequentá-lo, não podem ser dele privadas. Esta norma reforça *a posteriori* o que passou a determinar a Lei nº 9.394, de Diretrizes e Bases da Educação Nacional, que, ao se adequar à norma federal em 1996, já apontava que a educação das pessoas com deficiência deveria dar-se preferencialmente na rede regular de ensino.

O Brasil é signatário desses e outros documentos internacionais relativos ao tema. A partir do ano 2000, foram aprovadas pelo Congresso Nacional as principais normas jurídicas sobre direitos das pessoas com deficiência para vigorar no país. Destaque para as leis 10.048/2000 e 10.098/2000, depois regulamentadas pelo Decreto Federal nº 5.296, de 2004, que estabeleceram, entre outros pontos importantes, marcos de acessibilidade física e atendimento preferencial em vigor até os dias de hoje.

DOLABELA: Deficiente, excepcional, portador de deficiência, portador de necessidades especiais, afinal, qual a nomenclatura politicamente correta nos dias de hoje?

CID: É verdade, a nomenclatura mudou muito através dos anos. Podemos observar que quanto menos desenvolvida a sociedade, mais dura e realista é a forma de se referir à deficiência. Partimos do que, hoje, seriam considerados xingamentos, como aleijado, aleijão, defeituoso, incapacitado, inválido, deficiente, paralítico, passando por eufemismos tipo especial e excepcional, até chegarmos nos mais politicamente corretos portador de deficiência, já em desuso, e no atual pessoa com deficiência, em inglês, person with disability, terminologia internacional oficial, inclusive com chancela das Nações Unidas, emblematicamente a partir da Convenção sobre os Direitos das Pessoas com Deficiência, de 2007.

DOLABELA: Mas muita gente ainda não sabe dessas mudanças e usa terminologia ultrapassada.

CID: Não há consciência de que o uso de certas palavras pode reforçar o sentido de preconceito, a segregação e a exclusão. Atualmente, a ideia é valorizar a pessoa à frente de sua deficiência; a pessoa independentemente de suas condições físicas, sensoriais ou intelectuais. Não se deve rotular a pessoa por uma característica física, visual, auditiva ou intelectual, mas destacar o indivíduo acima de suas restrições. A construção de uma sociedade verdadeiramente inclusiva, se isso é possível, passa também pelo cuidado com a linguagem, pela qual expressamos, de forma voluntária ou involuntária, o respeito ou a discriminação.

DOLABELA: Que outras palavras e expressões não devem ser usadas atualmente?

CID: Hoje, para não errar, usar, sempre, pessoa com deficiência e suas variações: pessoa com deficiência física, visual, auditiva, intelectual, múltipla ou mobilidade reduzida. Termos como cego, surdo e cadeirante ainda são usados e normalmente aceitos. Porém, nunca falar surdo-mudo e muito menos os abomináveis deficiente ou retardado mental. Evitar, também, em comparações com pessoas sem deficiência, usar a palavra normal. As pessoas que não têm deficiência são pessoas sem deficiência, não normais! Para não repetir pessoa/pessoas todo o tempo, varie com crianças, adultos, brasileiros, cidadãos, empresários, trabalhadores, estudantes etc com deficiência. O mais importante, provavelmente, seja a atitude, a forma de tratar alguém com deficiência. Por favor, não sinta pena, não seja paternalista, evite o assistencialismo, vença os preconceitos! Faltam oportunidades e sobram barreiras físicas, arquitetônicas e, principalmente, atitudinais. Evoluímos, mas ainda há muito a fazer.

Capítulo 8

MAIS CONQUISTAS PELA FRENTE

Historicamente, toda a luta das pessoas com deficiência e suas famílias era motivada pela necessidade de conquistar direitos e autonomia em todos os sentidos. Mas foi preciso esperar até 2007 para que a visão de fundo assistencialista ganhasse novo contorno na Convenção Internacional sobre os Direitos das Pessoas com Deficiência, assinada em Nova York em 30 de março daquele ano. Este é um documento de direitos humanos e, portanto, de aplicação universal.

Sempre houve tutela, gerada pela dependência, que apenas o círculo virtuoso de assistência médica e reabilitação de qualidade, transporte acessível, direito ao ensino, igualdade no trabalho e participação política cidadã podem combater.

Um exemplo bem emblemático dessa mentalidade paternalista aconteceu recentemente no Congresso Nacional, onde trabalham cerca de 30 pessoas com deficiência, incluindo usuárias de cadeira de rodas. A Câmara dos Deputados já tinha vivido o ridículo de não dar acessibilidade a três deputados cadeirantes eleitos em 2010. Nesta outra situação, uma autoridade da casa, sem deficiência, pensando em ajudar seus colegas, comprou um lote de cadeiras de rodas motorizadas para eles e mandou entregá-las.

O bom samaritano só não sabia que cadeiras motorizadas, como qualquer outra cadeira de rodas, têm que ser feitas sob medida, a partir de prescrição médica, de acordo com as características biométricas de cada usuário e com acompanhamento de terapeuta ocupacional ou profissional especializado. Uma cadeira fora de medida pode, inclusive, piorar o quadro clínico do usuário. Resultado da boa vontade do colega: as cadeiras não podem ser usadas e foram encostadas por quem as recebeu. O paternalismo e o voluntarismo ingênuos, movidos por ignorância, culpa ou de má fé, com certeza atrapalham.

Existe um slogan do movimento das pessoas com deficiência que diz: *"Nothing about us without us"*, ou seja, "Nada sobre nós sem nós". A frase foi adotada como tema do Ano Internacional das Pessoas com Deficiência de 2004 — o segundo promovido pela ONU. Esse lema traduz o pleito e a solução para assegurar o pleno exercício da cidadania pelas pessoas com deficiência.

A transformação desse lema em norma, no Brasil, aconteceu com a adesão do país à já mencionada Convenção de Nova York de 2007, que considera que "as pessoas com deficiência devem ter a oportunidade de participar ativamente das decisões relativas a programas e políticas, inclusive as que lhes dizem respeito diretamente".

Nesse processo, há recursos tecnológicos, chamados de "tecnologia assistiva" — como muletas, cadeiras de rodas, aparelhos para surdez, bengalas e, na outra ponta, robótica e aplicações de tecnologia da informação —, que potencializam as habilidades e a autonomia das pessoas com deficiência, permitindo que, de fato, ajam como protagonistas e possam viver normalmente.

Assim, o uso de ferramentas de tecnologia assistiva torna-se absolutamente estratégico para a plena inclusão da pessoa com deficiência em todos os aspectos da vida contemporânea. Ela é fundamental em qualquer fase da existência, do nascimento à infância; das brincadeiras em família à experiência escolar; do esporte ao lazer; da educação profissionalizante ao pleno exercício das capacidades pessoais no trabalho e na geração de renda. O que enseja a seguinte afirmação: "Para as pessoas em geral, a tecnologia torna as coisas mais fáceis. Para as pessoas com deficiência, a tecnologia torna as coisas possíveis!".

Tivemos avanços muito significativos nos últimos dez anos, não só aqui como em muitas partes do mundo. Talvez o marco mais emblemático desse processo tenha sido a Convenção da ONU sobre os Direitos das Pessoas com Deficiência, de 2006, ratificada por 110 países. No Brasil, esse documento foi ratificado pelo Congresso Nacional em 2008 e, devido a seu *status* constitucional, impacta a legislação brasileira como um todo. Não esquecer que, também no ano de 2006, em 6 de junho, a OEA declarou 2006-2016 como a Década das Américas pelos Direitos e pela Dignidade das Pessoas com Deficiência, com o lema "Igualdade, Dignidade, Participação".

Capítulo 8: MAIS CONQUISTAS PELA FRENTE

Nesse contexto, a criação da Secretaria Municipal da Pessoa com Deficiência e Mobilidade Reduzida, na capital paulista, em 2005, e da Secretaria de Estado dos Direitos da Pessoa com Deficiência de São Paulo, em 2008, mostraram ao país como é importante o papel de uma instância governamental, de atuação transversal, especializada e dedicada à questão da deficiência. No âmbito federal, depois de várias mudanças de *status* administrativo e de denominação, existe desde 2010 a Secretaria Nacional de Promoção dos Direitos da Pessoa com Deficiência, que é ligada à Secretaria de Direitos Humanos da Presidência da República (SDH/PR).

O exemplo de São Paulo vem sendo seguido por outros estados, como Amazonas e Piauí, e municípios, que, claramente, têm avançado muito mais do que aqueles que não criaram instâncias específicas nem priorizaram políticas públicas em prol desse segmento. Daí a importância de enfatizar que não basta haver direito afirmado na lei; é indispensável a mobilização da sociedade para torná-lo real e efetivo.

Poucos países dispõem de instâncias governamentais com foco nos direitos da pessoa com deficiência. Em geral, ações dessa natureza estão fragmentadas, espalhadas por vários órgãos, muitas vezes sem articulação, o que traz resultados menos positivos do que quando estão sob uma direção única. Mas ainda estamos muito, muito longe do ideal, longe de uma sociedade verdadeiramente justa e inclusiva, em que as pessoas com deficiência possam realmente exercer de forma plena seu direito à cidadania.

Pesquisas demonstram que a principal reclamação ainda é quanto ao transporte em geral. Poucas cidades brasileiras têm sistemas integrados de transporte acessível, sem falar no transporte intermunicipal, interestadual e internacional, seja por via terrestre, marítima ou aérea. São tremendas as queixas nesse sentido, pois não é possível exercer outros direitos sem poder exercer o direito de ir e vir.

Não bastassem as limitações no transporte, as próprias vias e os espaços públicos, com destaque para as calçadas urbanas, apresentam obstáculos muitas vezes intransponíveis. Foi o que constataram os pesquisadores do IBGE, como se vê no quadro "Acessibilidade". Além disso, com raras exceções, ainda faltam serviços de assistência médica e de reabilitação, fundamentais para que as pessoas com deficiência possam otimizar suas capacidades e participar do contexto social.

ACESSIBILIDADE			
Condição de Moradia	Rampas para cadeirante	Calçada/ Passeio	Meio-fio/guia
Adequada	5,8%	80%	86,1%
Semiadequada	1,9%	43%	55,6%
Inadequada	0,2%	9%	14,1%

Fonte: Censo 2010, IBGE

Na leitura desse quadro, a Cartilha do Censo 2010 Pessoas com Deficiência registra: "Os dados mostram que somente 5,4% dos domicílios brasileiros possuíam rampas, 5,8% dos quais nas faces de quadras de moradias adequadas; 1,9% em moradias semiadequadas e, 0,2% em moradias inadequadas. O item Calçada/ passeio estava presente no entorno de 80% das moradias adequadas, 43% nas semiadequadas e em somente 9% das inadequadas. Meio-fio/guia foi encontrado em 86,1% das moradias adequadas".

Portanto, o que o quadro mostra nesse item é que quanto pior, pior. Se das moradias adequadas apenas 5,8% dispõem de rampas em sua quadra, nem todas essas "residências privilegiadas" têm calçada e meio-fio. Já quanto às pessoas com deficiência que moram em condições inadequadas, rampas são uma raridade, pois estão presentes em apenas 0,2% delas, que são majoritariamente cercadas por quadras sem calçada e sem meio-fio. Em suma, o ambiente pouco facilita a mobilidade, tão necessária para que as pessoas com deficiência possam circular na cidade e acessar locais onde se encontram os serviços de que necessitam.

Assim, fica comprometida a vida em geral, o mesmo valendo para as atividades escolares e acadêmicas de muita gente que, por falta dos recursos mencionados, não conseguem exercer seus direitos à educação e à capacitação profissional — sem esquecer a falta de acessibilidade de material didático adequado. Esse círculo vicioso impacta diretamente na capacidade de trabalho e de geração de renda da pessoa com deficiência — que, como regra, chega à idade adulta sem ter obtido condições ideais de educação e formação pro-

Capítulo 8: MAIS CONQUISTAS PELA FRENTE

fissional — e compromete as iniciativas de inclusão e a sustentabilidade de todo o sistema.

De acordo com o Relatório Mundial sobre Deficiência, publicado em 2011 pela Organização Mundial da Saúde (OMS), com apoio do Banco Mundial, as taxas de emprego são menores para homens (53%) e mulheres (20%) com deficiência. Estudos da Organização para a Cooperação e o Desenvolvimento Econômico (OCDE), realizados em 27 países, demonstraram que pessoas com deficiência têm desvantagens significativas no mercado de trabalho e piores resultados nessa área do que as pessoas sem deficiência. Na média, suas taxas de emprego (44%) eram pouco mais da metade daquelas das pessoas sem deficiência (75%).

Infelizmente, ainda há muitas pessoas com deficiência fora do mercado de trabalho formal, seja como empregados, seja como donos de seus próprios negócios. No Brasil, os números são assustadores, pois, do grande contingente de indivíduos com deficiência, apenas 1,3 milhão, ou 2,9%, estão empregados com carteira assinada, e não mais de 50 mil são empresários, segundo dados do Censo de 2010 do IBGE.

Acontece que a legislação específica e as políticas públicas sobre trabalho e renda da pessoa com deficiência são limitadas, não gerando os benefícios potenciais que poderiam. Todo o foco está na chamada Lei de Cotas, de 1991, que obriga empresas com 100 ou mais funcionários a contratar de 2% a 5% de profissionais com deficiência. Isso representa cerca de um milhão de postos de trabalho, mas apenas 330 mil estão devidamente preenchidos.

CID: A Lei de Cotas tem sido muito importante em todos os sentidos para a causa das pessoas com deficiência. Temos que batalhar para que ela seja de fato cumprida por todas as empresas com mais de cem funcionários em todos os estados da federação. Pelos números de hoje, há pouco mais de 300 mil cotas preenchidas em um universo de mais de um milhão de vagas potenciais para pessoas com deficiência no Brasil. Além de avançarmos nesses números, temos que exigir que o poder público, em todas as suas esferas, também estabeleça e cumpra cotas, o que mudaria o cenário dos direitos da pessoa com deficiência no país. Ainda que apenas parcialmente cumprida, o papel da Lei de Cotas é essencial, apresentando novas perspectivas de inclusão, aumentando os índices de empregabilidade, incentivando a capacitação profissional, criando novos consumidores e aquecendo o mercado de produtos assistivos. A inclusão da pessoa com deficiência passa necessariamente por sua capacidade de ser produtiva e de gerar renda.

DOLABELA: A relação de emprego é, muitas vezes, um desastre, uma fábrica de infelizes, porque nela há desequilíbrio de poder.

CID: Eu me lembro de que numa festa de uma empresa onde eu trabalhava, o presidente na época, pediu para todo mundo ir vestido com uma camiseta com o nome da empresa, www.empresa.com.br. Eu fiz uma camiseta com o meu nome. Escrevi: www.cidtorquato.com.br. O que eu quis dizer é que eu trabalho para mim, a empresa é um canal, um caminho para satisfação dos meus interesses. Quanto mais convergentes os interesses de empresa e colaborador, melhor para ambos.

DOLABELA: As empresas são desabusadas, elas não querem mais somente a competência do empregado, elas querem a alma. Antes "vestir a camisa" era só uma metáfora, agora é um ato real. O neurobiólogo chileno Humberto Maturana diz que na empresa industrialista não existem relações sociais, porque o alvo do trabalho é o produto, e não o ser humano.

CID: Mas a questão é que, para as pessoas com deficiência, a agenda de inclusão social está diretamente relacionada à capacitação profissional e ao mercado de trabalho.

Capítulo 8: MAIS CONQUISTAS PELA FRENTE

DOLABELA: É porque as pessoas com deficiência podem, eventualmente, encontrar alguma limitação para exercer certas tarefas operacionais oferecidas pelas empresas que existe uma lei obrigando-as a contratá-las. Mas ela não é "deficiente" para empreender.

CID: Não podemos fechar portas. Há que se conquistar mais espaço em todas as frentes. Nessa tarefa, o uso de tecnologia é fundamental. Nos últimos anos, no Brasil e no mundo, houve grandes avanços nas tecnologias para pessoas com deficiência, o que é muito positivo, pois elas são fundamentais para a superação de limitações, o desenvolvimento de capacidades e a conquista de autonomia. Hoje, as tecnologias da informação e comunicação oferecem um universo virtualmente infinito de possibilidades, com foco nos dispositivos móveis, nos recursos "touch" e no uso de câmeras e voz para os comandos desses dispositivos. Ainda temos muito a aprender e evoluir, mas já estamos no caminho certo e, com certeza, nossas expectativas para o futuro são muito positivas.

Apesar das multas impostas, muitas empresas resistem a cumprir a legislação. Em geral, alegam impossibilidade de contratação por falta de capacitação dos candidatos com deficiência, o que não deixa de ser uma meia-verdade, já que o percentual de pessoas desse segmento que conseguem estudar e se preparar para o mercado de trabalho é muito baixo. Mas, de verdade, ainda há muita resistência atitudinal, preguiça, estranhamento e preconceito diante do desconhecido.

Estudando a ineficácia da aplicação da "Lei de Cotas" nas empresas brasileiras, a advogada Tatiana Salim Ribeiro mostra algumas causas para tal resistência quando se trata de admitir pessoas com deficiência em seus quadros:

- Por lei, a empresa não pode exigir qualificação profissional nem experiência anterior do candidato;

- Por lei, a demissão só pode ocorrer, nos contratos por prazo indeterminado, se a vaga for ocupada por outra pessoa com deficiência (sob pena de o demitido poder reivindicar reintegração) — significa que será preciso encontrar o substituto antes mesmo da dispensa, para que o trabalho não seja interrompido;

- As empresas não podem determinar vagas em setores específicos, pois isso é considerado prática de conduta discriminatória — mesmo que as atividades ofereçam riscos de acidente e sejam, portanto, desaconselhadas para pessoas com deficiência.

Para a Dra. Tatiana Ribeiro, tais barreiras para a inserção das pessoas com deficiência no mercado de trabalho se impõem no país porque o Estado, embora crie as leis, não fornece os instrumentos para que elas sejam viabilizadas, nem mesmo em termos de informação para o público específico que pretende beneficiar.

Evidentemente, essa situação alcança uma parte relativamente pequena do universo corporativo brasileiro. E vale lembrar que, até agora, no segundo semestre de 2014, nada tinha sido feito com foco nas micro, pequenas e médias empresas, apesar de elas serem a grande maioria no universo corporativo brasileiro e representarem 80% dos postos de trabalho. Por outro lado, elas apresentam a vantagem (ao menos teórica e geral), de necessitar de profissionais menos qualificados do que as grandes empresas.

CID: O ambiente, no Brasil, é desfavorável ao empresariado em geral e, principalmente, aos proprietários de micro e pequenas empresas. Nosso sistema favorece a grande empresa, a burocracia, a escala. A gestão tributária e os processos contábeis são muito complicados. Só se a empresa tiver escala e/ou lucratividade elevada é que terá capacidade de pagar todos os impostos e contribuições em cascata e manter uma infraestrutura administrativa para atender à burocracia. A legislação, que deveria estimular, empurra o empreendedor para fora do mercado.

DOLABELA: Em 2011, a presidente Dilma chamou 29 grandes empresários para discutir a economia. Não havia representantes das micro, pequenas e médias empresas. A sinalização cultural decorrente desse fato é que só as gigantes têm importância. Na China, o Grande Dragão cresce se apoiando no ombro das pequenas empresas, responsáveis por 68% das exportações. No Brasil elas exportam 2% do total.

Ao desprezar as micro e pequenas empresas (MPEs), o Brasil esquece que elas são as grandes inovadoras. As micros e pequenas empresas americanas foram responsáveis por 95% das principais inovações após a Segunda Guerra Mundial. No Brasil, estamos andando devagar no topo da pirâmide (empreendedorismo de alta tecnologia), enquanto, na base da pirâmide a atividade empreendedora é frenética. Estou convencido de que o único instrumento para fazer a transição do assistencialismo para a sustentabilidade é o empreendedorismo.

CID: E o contrassenso é que as micro respondem por 80% dos postos de trabalho no país, representam 99% das empresas brasileiras e 20% do PIB. Estão presentes no interior, atendem às emergentes Classes D e E, e são responsáveis por 60% dos empregos gerados no último ano. Nos EUA, elas representam 40% do PIB.

DOLABELA: Empreendedorismo é a única forma de combater a pobreza, de fazer justiça social, de fazer a transição do Bolsa Família para a sustentabilidade. Não se gera dignidade com assistencialismo. O Bolsa Família não deveria ser um programa de governo, mas um atendimento pontual que resolvesse um estado de calamidade que dura 500 anos. A exclusão é combatida através da criação de outra exclusão: os assistidos estão cada vez mais longe do trabalho, porque não estão sendo preparados para atender às demandas do século XXI.

O ideal seria uma política positiva, que incentivasse as empresas a contratar pessoas com deficiência, reconhecendo as barreiras que perduram e oferecendo benefícios fiscais àquelas que o fizessem. Isso poderia mudar o cenário da empregabilidade das pessoas com deficiência no Brasil.

Felizmente, nesse sentido, de forma inédita, o Sebrae São Paulo criou, em parceria com a Secretaria de Estado dos Direitos das Pessoas com Deficiência, do governo de São Paulo, o programa Sebrae Mais Acessível. A iniciativa não oferece nenhum benefício fiscal às empresas contratantes, mas tem como objetivo sensibilizar e preparar o empresário da pequena empresa para a contratação de colaboradores com deficiência, bem como estimular e capacitar pessoas com deficiência a se tornarem empreendedores e a estabelecerem suas próprias empresas.

Emprego formal e informal no Brasil Trabalhadores e Trabalhadores com deficiência Censo Demográfico 2010			
Posição na ocupação	Total	Pessoas com deficiência	% do total
Empregados com carteira	39.107.321	1.339.652	3,4
Empregados sem carteira	17.418.119	903.536	5,2
Funcionários públicos	4.651.127	180.737	3,9
Conta própria	18.529.011	1.078.561	5,8
Empregador	1.703.130	50.344	3,0
Outros	1.485.492	109.994	7,4
Total	82.894.200	3.662.824	4,4
Rendimento médio (R$)	1.145,00	834,00	72,8

Fonte: Censo Demográfico, IBGE2010

Capítulo 8: MAIS CONQUISTAS PELA FRENTE

Emprego formal e informal em São Paulo Trabalhadores com deficiência Censo demográfico 2010			
Posição na ocupação	Total	Pessoas com deficiência	% do total
Empregados com carteira	11.780.154	380.258	3,2
Empregados sem carteira	3.108.242	149.986	4,8
Funcionários públicos	695.001	25.546	3,7
Conta própria	3.656.508	171.155	4,7
Empregador	456.960	12.249	2,7
Outros	211.370	17.734	8,4
Total	19.908.235	756.928	3,8
Rendimento médio (R$)	1.617,00	1.267,00	78,4

Fonte: Censo Demográfico, IBGE2010

Observador meticuloso da economia e do trabalho, o alemão Karl Marx, teórico do comunismo, escreveu em *O Capital*: "Tornando-se supérflua a força muscular, a maquinaria permite o emprego de trabalhadores sem força muscular ou com desenvolvimento físico incompleto, mas com membros mais flexíveis. Por isso, a primeira preocupação do capitalista ao empregar a maquinaria foi a de utilizar o trabalho das mulheres e das crianças". Poderia ter mencionado pessoas com deficiência, não fossem elas ainda invisíveis naquela época e durante muito tempo ainda no século XX, como já vimos.

A abertura do mundo do trabalho como um direito da pessoa com deficiência é relativamente tardia, encontrando-se nos documentos da Organização Internacional do Trabalho (OIT), Resoluções de 1955 e 1983, e no Convênio sobre a Readaptação Profissional e o Emprego de Pessoas Inválidas, também de 1983, mais conhecido como Convenção 159.

Não que inexistissem normas anteriores — mesmo no Brasil já havia iniciativas com o objetivo de garantir alguns direitos às pessoas com deficiência no mercado de trabalho. A questão é que, considerada a universalidade do direito ao trabalho — no contexto de que o trabalho faz parte da natureza humana —, todas as pessoas têm direito a ele.

Em 1999, a OIT foi além da fronteira habitual ao adotar o conceito de "trabalho decente", definido como ponto de convergência dos quatro objetivos estratégicos da organização: respeito aos direitos no trabalho; promoção do emprego produtivo e de qualidade, extensão da proteção social e fortalecimento do diálogo social. No primeiro deles incluem-se a liberdade sindical e o direito de negociação coletiva; a eliminação do trabalho forçado; abolição do trabalho infantil; e eliminação de todas as formas de discriminação em matéria de emprego e ocupação. Isso significa que está em curso um novo movimento rumo ao trabalho como um dos direitos universais do ser humano.

Capítulo 9

DEFICIÊNCIA, TRABALHO E RENDA

Na sociedade em que vivemos, o emprego ainda é a principal fonte de rendimentos, de *status* e de relações sociais — a despeito do avanço da Era da Informação, que tende a desmontar as estruturas tradicionais do mercado e das atividades econômicas.

A Organização Internacional do Trabalho (OIT) em sua Convenção 159, de 1983, cujas discussões abordaram os temas da reabilitação profissional e do emprego de pessoas com deficiência, definiu: "Para efeito da presente convenção, entende-se por pessoa deficiente todo indivíduo cuja possibilidade de obter e conservar o emprego adequado e de progredir no mesmo fiquem substancialmente reduzidas devido a uma deficiência de caráter físico ou mental devidamente reconhecida".

Por meio dessa definição e de uma série de recomendações aos países-membros, a OIT trouxe para o centro das discussões a importância do desenvolvimento de políticas públicas que, reconhecendo as demandas dessa parcela da população, possam disponibilizar adequada reabilitação profissional às pessoas com deficiência, visando promover oportunidade de emprego no mercado regular de trabalho.

No Brasil, em termos de direito ao trabalho, a promulgação da Constituição Federal de 1988 foi fundamental, pois, embora o país já houvesse ratificado a Convenção 159 da OIT, ainda não tinha desenvolvido nenhum arcabouço jurídico concreto voltado para a inclusão da pessoa com deficiência. No quadro da chamada "Constituição Cidadã", graças à pressão social, criaram-se dispositivos legais em áreas como educação, trabalho, assistência social e acessibilidade física, de forma a garantir a inclusão social das pessoas com deficiência.

Apesar do texto constitucional prever o direito à reabilitação profissional, sua regulamentação veio apenas três anos depois, no contexto da Previdência Social, com a promulgação da Lei n° 8.213/1991, que prevê em seu artigo 89:

> A habilitação e a reabilitação profissional e social deverão proporcionar ao beneficiário incapacitado parcial ou totalmente para o trabalho, e às pessoas portadoras de deficiência, os meios para a (re)educação e de (re)adaptação profissional e social indicados para participar do mercado de trabalho e do contexto em que vive.

Foi também nessa mesma lei federal que surgiu, no artigo 93, a obrigatoriedade da "Lei de Cotas", pela qual as empresas com 100 funcionários ou mais devem contratar um percentual de pessoas com deficiência para seu quadro profissional. A proporção é a seguinte: de 100 a 200 empregados, 2%; de 201 a 500, 3%; de 501 a 1.000, 4%; acima de 1.000 empregados, 5%. Estudos e estatísticas, no entanto, mostram que a existência da legislação não resolve tudo. Foi o que demonstrou o professor Enio Rodrigues da Rosa, da Universidade Estadual do Oeste do Paraná (Unioeste), em sua tese de doutoramento: "O trabalho das pessoas com deficiência e as relações sociais de produção capitalista: uma análise crítica da política de cotas no Brasil".

Atesta ele: "(...) após mais de 20 anos da promulgação da Constituição Federal de 1988, que garantiu a reserva de vagas, o índice de desemprego entre as pessoas com deficiência em idade de trabalhar ainda ultrapassa os 91%, enquanto que, para as pessoas sem deficiência, gira em torno de 10%". Daí a razão de serem tão importantes as ações de pressão da sociedade civil no sentido de exigir o cumprimento da legislação. O sociólogo Edivaldo Félix Gonçalves, citado anteriormente, não incorre em ironia alguma quando registra em sua dissertação: "Não há registro de casos onde uma empresa foi obrigada a empregar uma pessoa como garantia do direito ao trabalho, por ser um direito social".

A Cartilha do Censo 2010 Pessoas com Deficiência, constatou: "Apesar da exigência legal de cotas, a participação dos trabalhadores com deficiência no mercado de trabalho, em 2010, ainda era

Capítulo 9: DEFICIÊNCIA, TRABALHO E RENDA

baixa quando comparada à das pessoas sem deficiência. Do total de 86,4 milhões de pessoas, de 10 anos ou mais, ocupadas, 20,4 milhões eram pessoas com deficiência, 23,6% do total. Em 2010, havia 44.073.377 pessoas com, pelo menos, uma deficiência em idade ativa, mas 23,7 milhões não estavam ocupadas".

Nesse quadro, mais um marco jurídico foi a promulgação, em 1999, do Decreto Federal nº 3.298, que apresentou sua definição de deficiência como "toda perda ou anormalidade de uma estrutura ou função psicológica, fisiológica ou anatômica que gere incapacidade para o desempenho de atividade, dentro do padrão considerado normal para o ser humano".

Essa importante norma, ao instituir a Política Nacional para a Integração da Pessoa Portadora de Deficiência, consolidou direitos desse grupo de cidadãos, abordando, além das questões referentes aos critérios de acessibilidade, a equiparação de oportunidades, determinando, em seu artigo 15, como atribuição do Estado, o provimento das seguintes condições:

I — Reabilitação integral, entendida como o desenvolvimento das potencialidades da pessoa portadora de deficiência, destinada a facilitar sua atividade laboral, educativa e social;

II — Formação profissional e qualificação para o trabalho;

III — Escolarização em estabelecimentos de ensino regular com a provisão dos apoios necessários, ou em estabelecimentos de ensino especial; e

IV — Orientação e promoção individual, familiar e social.

Ratificando a "Lei de Cotas", esse decreto atribuiu ao Ministério do Trabalho e Emprego (MTE) a função de fiscalização, avaliação e controle das empresas, bem como a elaboração de estatísticas para acompanhamento de sua aplicação. Porém, mesmo a obrigatoriedade tendo completado 23 anos, ainda há uma grande quantidade de pessoas com deficiência fora do mercado formal de trabalho.

E não é só isso. De acordo com informações da Agência Brasil, órgão da estrutura de comunicação do governo federal, o número de trabalhadores com deficiência devidamente empregados caiu 12% entre 2007 e 2010. Vale dizer que foram fechadas 42,8 mil vagas para as pessoas com deficiência. A informação decorre dos relatórios da Relação Anual de Informações Sociais (RAIS), divulgados anualmente pelo Ministério do Trabalho e Emprego (MTE). Assim, de 348,8 mil trabalhadores empregados formalmente no país com alguma deficiência, figuravam 306 mil no final do período.

Paradoxalmente, de acordo com a mesma fonte, a remuneração dos que se mantiveram no mercado formal no período subiu 38% — de R$1.389,66 para R$1.922,90, mais do que a da média de todos os empregados do país, que ficou em 28%. Por outro lado, o total de trabalhadores empregados formalmente que não tem deficiência passou de 37,6 milhões para 44,1 milhões — ou seja, registrou crescimento de 17%.

Na RAIS 2013, o item sobre remuneração das pessoas com deficiência pode ter suas conclusões sumarizadas da seguinte forma:

- Os rendimentos médios das pessoas com deficiência foram um pouco menores (diferença de cerca de R$110,00) do que os das sem deficiência — notando-se que houve aumento de rendimentos no caso de deficiência física (+ 4,47%), múltipla (+4,09%) e visual (+ 4,08%);

- Em relação ao gênero, como na população trabalhadora em geral, os homens ganham mais do que as mulheres, sendo o quadro mais drástico o da deficiência auditiva, em que elas recebem apenas 61,57% do que os homens percebem — uma diferença superior a R$1.000,00 no salário;

- Quanto ao grau de instrução, a partir do ensino médio incompleto, há correlação direta entre os rendimentos e o grau de escolaridade em todas as modalidades de deficiência. Resumindo: mais estudo, mais salário. No nível Superior Completo, as pessoas com deficiência auditiva, visual e física são as que ganham mais em média. Em contraposição, os valores vão caindo. Na sequência de queda, aparecem as pessoas reabilitadas, as com deficiência múltipla e, no patamar mais baixo, as pessoas com deficiência intelectual (mental).

Capítulo 9: DEFICIÊNCIA, TRABALHO E RENDA 57

Se o cenário não se apresenta dramático no que diz respeito aos rendimentos do trabalho, são as oportunidades no mercado — em particular a permanência de vagas não preenchidas — que estão a clamar por solução. Diante disso, reagindo à comunidade interessada em fiscalizar a implementação da "Lei de Cotas", tanto o governo quanto as empresas começaram a se movimentar.

No âmbito federal, foi lançado em 2008 o Projeto Piloto de Incentivo à Aprendizagem das Pessoas com Deficiência. Aplicado pelo MTE em diversos estados, não houve publicação de resultados, salvo a constatação geral de que a presença de pessoas com deficiência é "muito pequena ou inexistente" nesses programas.

O que explicaria isso? Desde 1999, o já citado Decreto federal nº 3.298 estabelece que as instituições de ensino públicas e privadas são obrigadas a oferecer cursos profissionais de nível básico para pessoas com deficiência. Por outro lado, o programa de educação profissional para jovens e adultos (EJA) não dedica atenção alguma às pessoas com deficiência. Estranhamente, porque o descumprimento das normas relativas à educação e trabalho da pessoa com deficiência é passível de punição.

No quadro do Projeto Piloto de Incentivo à Aprendizagem das Pessoas com Deficiência, o Rio Grande do Sul comemorou os cinco anos de atividades em junho de 2014, com relato sobre a iniciativa estadual, inédita no Brasil, que vem operando com deficiência intelectual e/ou psicossocial e, a partir de 2011, passou a abraçar o desafio de encaminhar pessoas com autismo para o mercado de trabalho.

No evento, promovido pela Superintendência Regional do Trabalho e Emprego (SRTE/RS), foi apresentada a progressão de pessoas com deficiência atendidas. No primeiro ano do programa, 2008, havia 63 aprendizes com deficiência no estado. Em 2012, eram 714, o que representa crescimento de 1.133%. O crescimento das contratações de pessoas com deficiência, da ordem de 255%, também foi superior aos dos demais aprendizes no estado.

Voltando à "Lei de Cotas", o que se tornou comum foi as empresas tomarem a inciativa de publicar manuais para orientar suas equipes de Recursos Humanos no mister de selecionar e contratar pessoas com deficiência para cumprir a norma.

Em 2010, segundo dados do MTE, o número de contratações dentro da "Lei de Cotas" representava menos de 40% do potencial total de contratações de pessoas com deficiência no país, sabendo-se que apenas 14% das empresas com 100 ou mais funcionários cumpriam a obrigatoriedade.

De acordo com dados do Censo de 2010, as pessoas com deficiência que têm ensino superior completo são 2,8 milhões — ou seja, mais que o dobro das vagas potencialmente criadas pela "Lei de Cotas". Isso permite observar que há um subaproveitamento dessa parcela da população no mercado de trabalho. O fato é que a obrigatoriedade, apesar de ter permitido maior inserção, não obteve ainda o resultado desejado.

Nos EUA e na Inglaterra, não há determinação de cotas, mas apenas leis mais rígidas para punir empresas que não contratam com igualdade de condições. Se compararmos os números brasileiros com os desses países, perceberemos que nossos índices de ocupação ainda são bem menores proporcionalmente. O mesmo se dá se a comparação for feita com países que adotaram uma política de incentivos, como a Turquia, onde a cota é de 3% e o governo arca com os tributos trabalhistas.

DOLABELA: O Brasil apresenta um quadro de condições que está entre os piores do mundo para quem quer empreender. São inadequados a legislação trabalhista e o sistema tributário, a burocracia e a oferta de crédito. Além disso, a cultura é inadequada. Assim, abrir empresas no Brasil, mesmo para os que não têm deficiência ou para os ricos, é algo difícil. Apesar disso, estamos dizendo a todos, inclusive às pessoas com deficiência: "Olha, é melhor e, em alguns casos, é mais fácil abrir uma empresa do que ser empregado".

CID: As grandes instituições financeiras nacionais deveriam ter uma postura um pouco mais agressiva com relação ao financiamento do empreendedorismo, não acha?

Capítulo 9: DEFICIÊNCIA, TRABALHO E RENDA

DOLABELA: Sim, mas imagine que, no Brasil, ainda se discute sobre quem deve empreender, se é o Estado ou a sociedade civil. Nos países avançados não há tal dilema. Está claro para todo mundo, até para a China e a Rússia, que foram nações comunistas, a ideia de que quem deve empreender é a sociedade civil, a única que tem dinheiro e competência.

CID: Haveria interesse em promover o empreendedorismo, porque ele dá condições de mobilidade e ascensão socioeconômica a qualquer um, independentemente de quem seja.

DOLABELA: Mas não se veem ações significativas do governo brasileiro para melhorar o ambiente para as microempresas — que é por onde começam os empreendedores. O governo criou o Ministério da Micro e Pequena Empresa, mas não lhe deu voz política nem recursos materiais para agir. O Brasil não precisa de um ministério, mas de políticas de apoio à micro e pequena empresa, que envolvam vários ministérios e o poder legislativo, porque isso exige mudanças, principalmente na legislação tributária e trabalhista.

O Estado faz bom uso do seu poder de compra quando estimula, sem corrupção ou favoritismo, a pesquisa, o surgimento e aplicação de novas tecnologias e a qualificação de pessoas. É o que sempre digo: a presença do Estado é essencial como criador do palco para o empreendedor atuar. O Estado deve criar o ambiente e cair fora, deixando aos empreendedores a tarefa de agir.

CID: Um bom exemplo é o dos Estados Unidos, onde o maior financiador e motor do empreendedorismo é o próprio Estado, que investe bilhões de dólares no desenvolvimento de tecnologia inovadora, principalmente para as indústrias bélica e aeroespacial, viabilizando produtos que depois serão levados ao mercado de consumo. Em um grande número de ocasiões, cabe aos empreendedores apenas investimentos secundários em adequação e marketing, já que os investi-

> mentos mais volumosos em pesquisa e desenvolvimento —
> muitas vezes impossíveis de serem cobertos pelo setor pri-
> vado — são bancados pelos cofres públicos.
>
> **DOLABELA:** A Universidade de Stanford, na Califórnia, deu
> origem a inúmeras empresas gigantes de alta tecnologia. A
> soma do faturamento de empresas criadas por ex-alunos do
> Massachusetts Institute of Technology (MIT) constituiria o
> 20º PIB do planeta.

Concomitantemente às inciativas de inserção laboral, importante pontuar o Benefício de Prestação Continuada (BPC), inserido
na Lei Orgânica da Assistência Social (Loas). Essa norma, Lei Federal nº 8.742, de 1993, regulamentou o pagamento de um benefício ao idoso e à pessoa com deficiência que não possuam meios
de subsistência ou cuja família não tenha condições de sustentá-
-la. Conforme definida em lei posterior, essa situação diz respeito
àqueles cuja renda familiar *per capita* não ultrapasse um quarto
(¼) do salário-mínimo. Em todo o Brasil, de acordo com dados de
2008, o BPC atendia a quase três milhões de pessoas; deste número
quase dois milhões são pessoas com deficiência e pouco mais de
um milhão são idosos.

O BPC é considerado um dos maiores programas de transfe-
rência de renda do mundo para pessoas com deficiência e idosos.
E é visto ainda como um progresso no posicionamento do Estado
como responsável por garantir os direitos de cidadania. Mas, apesar de prover uma fonte de renda para quem não tem condições de
trabalhar, a regulamentação dessa lei passou por inúmeras altera-
ções, desenvolvendo critérios que muitas vezes dificultam o acesso
ao benefício.

Um deles está na própria questão do limite da renda familiar, a
impedir, por exemplo, que mais de um membro da família se torne
beneficiário. Ora, com isso, tal direito passa a ser, na verdade, um
benefício familiar, e não do indivíduo, ao contrário do que a própria Constituição Federal assegura. Além do mais, é muito difícil
imaginar que uma família possa suprir suas necessidades com um

salário-mínimo, bem como cobrir despesas para a inserção da pessoa com deficiência em programas de habilitação ou reabilitação.

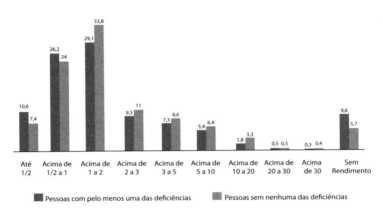

Fonte: Cartilha do Censo 2010 Pessoas com Deficiência, p. 24

Paralelamente à discussão entre políticas assistencialistas, como o BPC, e políticas afirmativas, como a "Lei de Cotas", o Brasil vem assistindo, nos últimos tempos, a um crescente movimento das entidades de promoção das pessoas com deficiência no sentido de levar o governo a implementar o modelo de "Emprego Apoiado".

Tradução para o português da expressão *Supported Employment*, esse conceito surgiu como movimento em algumas universidades dos EUA no início da década de 1980. Uma delas, a Virginia Commonwealth University, trazia um modelo com quatro componentes básicos:

- Colocação no trabalho;
- Treinamento no local de trabalho;
- Formação continuada;
- Acompanhamento por técnico de Emprego Apoiado.

A diferença em relação à forma convencional de inserção no mercado de trabalho é que primeiramente é realizada a inserção da pessoa com deficiência no posto de trabalho. Depois e lá mesmo, *in situ*, é proporcionado o conhecimento prático, o saber fazer necessário à realização das tarefas. Aprende-se fazendo. O processo comporta:

- Desenvolvimento dos apoios necessários. O técnico de Emprego Apoiado procura identificar os apoios de acessibilidade universal, sejam arquitetônicos, sejam produtos de tecnologia assistiva necessários. Muitas vezes, ele desenvolve também procedimentos, recursos e ajudas que tornem mais fácil a realização do trabalho da pessoa com deficiência;

- Retirada progressiva do técnico de Emprego Apoiado. A pessoa com deficiência é assistida continuamente até que tenha conseguido autonomia no trabalho. A partir desse ponto, é necessário acompanhamento periódico, que ajuda a manter o posto de trabalho e a produtividade.

O Emprego Apoiado destaca-se como tecnologia social, constituindo recurso de eficácia comprovada para promover a inserção no mercado de trabalho de pessoas com deficiência, assim como de outros grupos sociais em situação de especial exclusão social ou com dificuldades particulares para encontrar e se manter no emprego e de obter as promoções correspondentes.

Em 2010, como parte de política pública do Ministério da Ciência, Tecnologia e Inovação (MCTI), foi realizado o I seminário Internacional de Emprego Apoiado no Brasil, com o objetivo de divulgar, fortalecer e disseminar a utilização dessa tecnologia social "nos processos de inclusão no mercado de trabalho de pessoas com deficiência e de outros grupos sociais com 'reais dificuldades de colocação' no mercado de trabalho". O II Seminário aconteceu em São Paulo, em dezembro de 2013.

Capítulo 9: DEFICIÊNCIA, TRABALHO E RENDA

Ao anunciar sua realização, o material de divulgação do MCTI destacou que, "embora inúmeras ações e esforços sejam feitos no sentido de efetivar a Lei nº 8.213, de 1991, mais conhecida como 'Lei de Cotas', determinando que as empresas contratem um percentual mínimo de empregados com deficiência ou reabilitados, ainda é enorme o contingente de pessoas com deficiência que poderiam trabalhar, se pudessem dispor de serviços de Emprego Apoiado".

Capítulo 10

POR QUE EMPREENDEDORISMO?

O trabalho é, na sociedade judaico-cristã, o destino do homem — até em termos da cosmogonia bíblica, em que o casal inaugural, expulso do Paraíso, é condenado a obter sua subsistência com o suor do rosto. E sua principal expressão é o emprego. Uma conquista extraordinária do trabalhador ao longo dos tempos, deixando para trás a escravidão, a servidão e outras modalidades de submissão.

No entanto, o emprego não é a única forma de garantir o sustento próprio e o da família. O outro lado da relação de trabalho revela uma presença que também implica operosidade, mas em outro patamar e com outro *status*: a do empresário.

Até recentemente, poucos usavam as palavras "empreender" e "empreendedor", tanto no exterior quanto no Brasil. Curiosamente, num mundo todo estruturado em organizações de trabalho — sejam empresas privadas, sejam organismos estatais e todas as variedades de iniciativas com e sem fins lucrativos permitidas pelas leis de cada país — descobriu-se um modo diferente de desenvolver a face econômica da existência: o empreendedorismo.

Mas o que significa esse termo? Antigamente, o conceito se aplicava sobretudo ao campo da criação de empresas — até porque o uso moderno da palavra se popularizou com os trabalhos do economista austríaco Joseph Schumpeter (1883-1950), que formulou a ideia conhecida como "Destruição Criadora" em 1945. Para ele, a inovação (produtos novos, novos processos etc.) destruiria as empresas velhas e os modos antigos de negociar fazendo o mercado avançar. Disse ele: "O processo de destruição criadora é o fato essencial do capitalismo", tendo o empresário criativo e inovador como protagonista.

Quando comecei a trabalhar com educação empreendedora para crianças e adolescentes, enfrentei o desafio de criar um conceito que pudesse representar o empreendedorismo em toda sua amplitude, e não somente com o significado de abrir empresas. E precisava de algo simples, porque trabalho com pessoas da base da pirâmide econômica e com nanoempresas, criadas por gente sem escolaridade. Daí minha conclusão de que tudo na educação empreendedora só é viável se usarmos ferramentas simples.

Então, com a literatura mundial mostrando apenas o conceito aplicado a empresas, enfrentei o desafio de criar algo novo e, como Schumpeter, visei o protagonista do processo. Assim, digo que "empreendedor é alguém que sonha e busca transformar seu sonho em realidade"[1].

Quando aproximamos deficiência e empreendedorismo, damos um passo fundamental para a verdadeira e duradoura participação das pessoas com deficiência na sociedade, ampliando as possibilidades práticas e, acima de tudo, de forma emblemática, dizendo: "Você também pode empreender, inovar, criar algo novo, como qualquer outro cidadão!".

Empreender é um processo vital, indissociável da existência. Não é o domínio de uma tecnologia ou expertise que possa ser usada para resolver problemas. Empreender e viver se entrelaçam, sendo as ações guiadas pela emoção. Não há uma teoria empreendedora específica para cada categoria de pessoas. No empreendedorismo, perfis, características, gênero, origem, classe social ou econômica, escolarização ou qualidades dos personagens, tudo está compreendido, nada é excludente, porque o empreendedor é definido pela sua forma de ser, e não pela atividade que exerce.

O que se faz, em caso de situações singulares, é criar linhas de ação específicas para abordar diferentes áreas. Assim, há programas diferentes para ex-presidiários, para jovens em situação de risco, para drogadictos, para mulheres da base da pirâmide socioeconômica e assim por diante.

---

[1] Neste texto, a exposição da teoria empreendedora dos sonhos foi adaptado de meus livros *Pedagogia Empreendedora*, Editora de Cultura, e *Quero Construir a Minha História*, Editora Sextante.

Capítulo 10: POR QUE EMPREENDEDORISMO?

Embora o contexto original do empreendedorismo tenha sido o mundo das empresas, o conceito transbordou esse limite e se abriu para todas as atividades humanas. Isso significa que podem ser empreendedores tanto os que criam empresas, projetos científicos, programas culturais quanto empregados de empresas privadas ou funcionários públicos, médicos, professores e os que geram valores imateriais, como poetas, músicos, escritores, pacifistas.

O empreendedor é alguém simples, que dá vazão a impulsos naturais, como criar, ousar, arriscar, transformar. Ser empreendedor é um jeito de ser que não exige erudição. É um potencial da espécie humana. Em algumas pessoas, ele se mostra espontaneamente. Em outras, fica adormecido e precisa ser despertado, porque a emergência do empreendedorismo depende em grande parte de valores, crenças, práticas sociais e visão de mundo do grupo social em que a pessoa foi criada.

Em outras palavras, isso quer dizer que todos nascem com o potencial empreendedor, que não é um dom nem um privilégio de ninguém. Também não é um talento específico, exclusivo de poucos. Como todos os demais dotes genéticos, o potencial empreendedor é tão universal quanto as capacidades de falar, criar, calcular, imaginar, memorizar, praticar esportes, escrever. Mas somente através da prática elas se desenvolvem.

O potencial empreendedor é desenvolvido por meio da convivência, das relações que um indivíduo estabelece, que chamamos de "rede de relações". Há famílias, grupos sociais, regiões que são mais empreendedoras que outras. As sociedades mais empreendedoras são aquelas que desenvolvem maior tolerância à incerteza e, por causa disso, suportam riscos, estimulam o protagonismo e a quebra de padrões. É como dizia o físico germano-americano Albert Einstein, criador da Teoria da Relatividade: "Quem nunca cometeu um erro, nunca tentou algo novo". Ou seja, sem erro, é difícil haver inovação.

O empreendedor é alguém que, em qualquer área, transforma inovando e oferecendo valor positivo para a coletividade. A expressão "valor positivo" inclui a ética. Ou seja, o empreendedorismo, na nossa concepção, não pode contemplar ações que, mesmo sendo inovadoras, sejam negativas em termos de valor social. Exemplificando: temos que nos perguntar qual valor oferecem à sociedade os fabricantes de armas, de agrotóxicos ou de cigarros.

CID: Dou muito valor ao coletivo, à humanidade. O indivíduo só se justifica como um integrante da comunidade. O interesse coletivo tem que se sobrepor às vontades e caprichos individuais, ao individualismo, ao consumismo dos dias de hoje.

DOLABELA: Por isso digo que os prefeitos deveriam se preocupar somente com preparar crianças e jovens para que sejam cidadãos globais, estimulando radicalmente o empreendedorismo. Para mim, a expressão "responsabilidade social" é redundante, porque a responsabilidade só pode ser social — e, nesta frase, a palavra "social" representa todos os seres vivos. Que outra responsabilidade teria uma empresa, uma organização, um governo que não seja com todas as formas de vida? Pode haver responsabilidade social em uma empresa que, em lugar de oferecer valores, subtrai valores da sociedade?

CID: Hoje, conhecendo as questões relativas à deficiência, tenho uma visão mais abrangente da sociedade e de seus problemas, o que me permite pensar em políticas públicas menos excludentes. Precisamos, como pessoas e como sociedade, aceitar e valorizar a diversidade. No caso específico, temos que entender que todos estamos sujeitos a nascer com ou adquirir uma deficiência ao longo da vida. Com o aumento da longevidade, é muito provável o desenvolvimento de incapacidades e deficiências, o que torna a questão próxima de todos nós. Ou seja, pensar no tema, colaborar, é de responsabilidade de cada um, inclusive por potencial interesse próprio.

Os elementos necessários à liberação do potencial empreendedor são cooperação (ou capital social), criatividade, democracia, ousadia, nível de aspiração. Ambientes livres são necessários para estimular a criatividade, que é a mãe da inovação. A ação do Estado

Capítulo 10: POR QUE EMPREENDEDORISMO?

é fundamental para criar o ambiente institucional que assegure a liberdade de ação dos indivíduos, das empresas e estimule a prática da ética no mercado.

Se o potencial empreendedor é comum a todos e pode ser despertado, a boa ferramenta para isso é a educação empreendedora, que apresenta características diferentes da convencional. Ao contrário do que acontece com a matemática, a geografia e as matérias curriculares em geral, não é possível transferir conhecimento e nem é esse o objetivo dessa pedagogia.

A educação empreendedora é um sistema de aprendizado, e não de ensino. Visto sob a óptica do trabalho e da educação, o empreendedorismo não é uma especialidade, mas uma metodologia central e universal pela qual todos podem desenvolver seu potencial empreendedor, buscar descobrir seu talento e exacerbar sua criatividade A educação empreendedora constitui a "alfabetização" para a geração de riquezas, para a produção de novos e bons valores para a sociedade.

A educação, da pré-escola à universidade, não dá a devida importância ao empreendedorismo. De fato, este é um tema que ainda não integra o modelo educacional do país. Hoje, existe enorme avanço do interesse pelo assunto — algo praticamente surgido a partir de 1999, ano da primeira edição de *O Segredo de Luísa*, quando só o livro *Inovação e Espírito Empreendedor*, do "papa" da Administração, Peter Drucker, traduzido em 1986, fazia circular essa palavra no Brasil. No entanto, os relevantes projetos de empreendedorismo em universidades do país partem de pequenos grupos e não atingem a corrente central das instituições de ensino.

O sistema educacional ainda não se dedicou a estimular a criatividade, a ousadia para romper padrões e, principalmente, não se preocupou em fazer aflorar os talentos individuais. É animador saber que todos podem liberar o empreendedor que guardam dentro de si da mesma forma que qualquer um pode aprender a falar.

Claro, poucos se transformam em oradores como Cícero, o filósofo romano, ou Winston Churchill, o primeiro-ministro britânico à época da II Guerra Mundial. Mas todos conseguem desenvolver a capacidade de se expressar através da palavra. Assim é o potencial empreendedor. Infelizmente, nossa cultura tem uma inigualável capacidade de obstruir o potencial empreendedor de crianças e jovens.

Estudos mostram que a criança entra no sistema educacional com elevado grau de criatividade. No entanto, este vai sendo corroído pouco a pouco na fricção com os bancos escolares. As famílias também buscam a conformidade, pois se sentem mais seguras quando seus filhos se encaixam no modelo sinalizado positivamente pela maioria, que é o do emprego.

Sir Ken Robinson, educador inglês que cunhou o lema "A imaginação é a fonte de todas as conquistas humanas", lembra que os currículos escolares de todo o mundo, Brasil incluído, dão prioridade à matemática ou às línguas e colocam no rodapé as artes e a criatividade. Por essa razão, diz, ele abraçou a missão de "transformar a cultura da educação e das organizações com um conceito mais rico de criatividade e inteligência humanas".

É por falta dessa postura nas instituições em geral e nas escolas em particular que o empreendedorismo perde quantidade irrecuperável de jovens brilhantes para empregos decepcionantes e para os cabides do serviço público, em que os jovens penduram sonhos abandonados. Picasso dizia que toda criança é artista, mas que teria problemas para permanecer artista depois de crescer.

Há fatores contingenciais que levam as pessoas a empreender. Não apenas no Brasil, pessoas que não conseguem empregos, geralmente por não terem tido acesso à educação formal qualificante. Esse é o empreendedorismo por necessidade, buscam a atividade empreendedora. Há também diferenças quanto à intensidade empreendedora entre cidades, regiões, países, como já foi dito. Em qualquer dos casos, percebe-se que a cultura tem o poder de estimular ou de inibir o potencial empreendedor das pessoas.

A esse respeito, impressiona a experiência do físico brasileiro Mauro Ferreira, que fez carreira como professor e pesquisador na Inglaterra, na Holanda e hoje atua no Departamento de Física do Trinity College de Dublin, Irlanda. Participando em 2013 do 15º Fórum Nacional: Ensino Superior Particular Brasileiro (Fnesp), evento anualmente promovido pelo Sindicato das Entidades Mante-

Capítulo 10: POR QUE EMPREENDEDORISMO? 71

nedoras de Estabelecimentos de Ensino Superior no Estado de São Paulo (Semesp), ele declarou: "É importante chamar a atenção para a transformação ocorrida quando tive que deixar de ser estudante para começar a ser pesquisador". Forçado pela necessidade de conseguir financiamento para suas pesquisas, ele precisou aprender a montar projeto, fazer plano de negócio, desenvolver todo tipo de informação para seduzir um investidor. "Não foi uma transição fácil nem feita da noite para o dia. Foi um processo árduo, que me fez perguntar se não teria sido mais fácil se, nesse longo processo, minha formação tivesse sido mais qualificada com noções sobre aplicação de inovação tecnológica e sobre empreendedorismo. Isso teria facilitado muito a minha vida", completou.

Tendo experimentado na pele tais dificuldades, Ferreira participou da criação da *Innovation Academy* (Academia de Inovação) no Trinity College, que é uma tentativa de expor os estudantes o mais cedo possível ao conceito de inovação tecnológica aplicada, aos desafios da criatividade e ao domínio das noções de empreendedorismo necessárias à realização dos projetos dos participantes. Recebendo recursos de algumas corporações de alcance global, a Academia de Inovação aceita problemas propostos por essas empresas e os submete aos alunos, para que estes desenvolvam propostas de soluções[2].

Na pedagogia empreendedora, o processo de aprendizagem — e, então, o de ensino, enfatizo — é disparado a partir de duas perguntas, que podem ser feitas a qualquer pessoa, de qualquer idade, em qualquer contexto.

A primeira: "Qual é o seu sonho?". Ela estimula o aluno a formular seus desejos e a conceber o futuro que almeja, não só para si mesmo, mas também para a comunidade (sonho coletivo). Faz com que ele se transforme em autor de si mesmo e reconquiste a elevada autoestima que lhe foi surrupiada pela estrutura autocrática da sociedade. Perante os colegas e o professor, o aluno sente-se protagonista e aprende que o conhecimento serve para dar significado à vida, à emoção.

---

[2] Ver artigo "Academia da Inovação no Trinity College", de Mauro Ferreira, em Fábio G.Reis (Org.), *Competitividade e Mudanças no DNA Institucional*, São Paulo: Editora de Cultura, 2014.

A segunda: "O que você vai fazer para transformar seu sonho em realidade?". Esta questão tem o objetivo de comunicar ao aluno que ele deve criar os próprios caminhos para realizar o que sonha. O professor, o pai, a sociedade não podem fazer isso, porque não sabem como.

A palavra "sonho", aqui, refere-se àquele que se sonha acordado, bem delineado pela linguagem do dia a dia: "Meu sonho é ser feliz, ter filhos, ser médico, combater a subnutrição infantil"... Refere-se a um desejo que possa significar a busca da autorrealização, dar origem a um projeto de vida. Sonhar significa, portanto, conceber o futuro. Empreender significa transformar esse futuro em realidade. Essa é a essência do empreendedorismo.

Tudo acontece quando o indivíduo decide agir para transformar seu sonho em realidade. Nesse momento, a emoção que o domina é utilizada como fonte de energia e de motivação empreendedora. É essa emoção que muda seu domínio de ação e faz o potencial empreendedor vir à tona. A emoção faz com que capacidades latentes em todo ser humano, tais como perseverança, criatividade, protagonismo, iniciativa, autoestima, autonomia — que são os principais atributos do empreendedor —, fiquem disponíveis para serem utilizadas.

Por exemplo, de onde vem a motivação para perseverar, para prosseguir diante de obstáculos? Todos nós experimentamos situações em que desistimos ao primeiro empecilho e, por outro lado, vivenciamos experiências em que conseguimos persistir mesmo diante de condições totalmente adversas. O que nos faz prosseguir é o desejo forte, a paixão despertada pela busca de realização do sonho. O protagonismo se desenvolve no momento em que alguém é autor dos seus sonhos e também o principal ator na busca de sua realização.

O verbo "buscar" é importante no conceito formulado acima. Se ele não estivesse presente, empreendedor seria somente aquele que conseguisse realizar seus sonhos. Mas a ação compreendida no verbo buscar nos diz que a realização está no processo, e não na chegada.

Capítulo 10: POR QUE EMPREENDEDORISMO?

Aliás, uma curiosidade: os linguistas discutem muito sobre a origem do verbo buscar, que não parece vir do latim, mas do germânico — primeiro, teria significado "ir ao bosque" (busco) e, mais adiante, "tentar conseguir o que se deseja a partir de movimento, atenção, perseguição, acompanhamento de um rastro". Ou seja, o conceito retoma a sabedoria universal que nos ensina que o sucesso está no caminhar.

Figurativamente, os sonhos não são realizáveis em sua totalidade, porque, quando transformados em realidade, deixam de gerar a emoção que produziam no momento anterior. Em outras palavras, o alcance de um sonho exige a formulação imediata de outro. Para ilustrar novamente com a etimologia, esse é o caso da palavra "perfeito", que vem do latim *per factum*, isto é, "feito completamente". O significado de perfeito é, portanto, algo que se petrificou, algo em que não se mexe mais e, portanto, pertence ao passado.

O empreendedorismo propõe um novo entendimento de vários processos, comportamentos e concepções que a cultura da acomodação transformou em regras absolutas. Entre eles, o sentido de sucesso e fracasso, que, vale lembrar, são conceitos culturais.

No campo do empreendedorismo, o sucesso não deve estar amarrado ao dinheiro. Não que este não seja importante, mas é um meio, não um fim. O sucesso deve estar vinculado à capacidade de oferecer valor positivo aos outros. Há sociedades que só admitem o sucesso de uma pessoa se ela tiver cometido erros e enfrentado fracassos no seu percurso. Se ela não tiver vencido grandes dificuldades, seu sucesso será atribuído a causas que não valorizam o empreendedor: favorecimentos, ações ilícitas, herança, sorte.

Por outro lado, nesse contexto, fracasso não é não conseguir transformar o sonho em realidade, mas desistir de sonhar ou de realizar o sonho. A nossa sociedade tende a estigmatizar as pessoas que colhem um fracasso. Diz-se do empreendedor que quebra: "Ele não tem o talento necessário, deve procurar outra atividade". No entanto, a aceitação do fracasso como um resultado possível é essencial ao desempenho empreendedor.

O fracasso se refere ao empreendimento, e não à pessoa. Portanto, dificilmente encontraremos um empreendedor fracassado, mas apenas projetos que não deram certo, empresas que faliram, ações malsucedidas ou inacabadas.

Por outro lado, somente o otimismo torna viável a principal tarefa do empreendedor, que é criar o futuro. Assim, empreendedores são otimistas incorrigíveis e, talvez, por isso sejam chamados de loucos. O otimismo é consequência de uma das mais extraordinárias capacidades humanas: a viagem mental através do tempo. Para a advogada e empreendedora americana Linda Rottenberg, cofundadora da organização sem fins lucrativos Endeavor — no Brasil, Instituto Empreender Endeavor —, se você não está sendo chamado de louco, provavelmente não está pensando suficientemente grande. O livro dela, *Crazy Is a Compliment: The Power of Zigging When Everyone Else Zags* (literalmente, "Louco é um elogio: o poder de fazer zig quanto todos fazem zag"), é aguardado para outubro de 2014.

Mais um detalhe importante: a capacidade de sonhar e realizar o sonho depende do autoconhecimento. Uma pessoa precisa se conhecer para saber se o sonho que formulou é adequado a ela. Os sonhos são personalíssimos.

No empreendedorismo, o autoconhecimento diz respeito à percepção das próprias forças, fraquezas, habilidades, preferências, competências, forma de ser e ver o mundo; de reconhecer os desejos; de construir a autoestima; de pensar sobre as relações sociais, a justiça, a ética. Trata, por exemplo, do conhecimento das próprias peculiaridades na forma de aprender, de reagir diante de problemas, riscos, ameaças.

O autoconhecimento é que nos mostra o que queremos e não queremos, o que podemos e não podemos, o que sabemos e, principalmente o que não sabemos. A partir daí, o empreendedor pode construir complementaridades, isto é, convidar alguém para ser sócio ou colaborador, ou seja, alguém para fazer o que ele não fará.

O ato de sonhar, que significa conceber um futuro desejável, não é habitualmente valorizado e estimulado. Ao contrário, ouvimos: "Não dê um passo maior que as pernas", "Veja os exemplos da família"... São advertências que, muitas vezes, significam: "Atenha-se aos seus limites". Mas quais limites? Limites muitas vezes impostos artificialmente, estabelecidos pelo passado da família e do meio a que a pessoa pertence.

De tudo o que foi dito, fica evidente que o conceito se aplica muito bem à pessoa com deficiência. No empreendedorismo, ela não precisará se ater a uma descrição de cargo, a ter suas capacidades julgadas por terceiros nem obrigar-se a adequações que são quase impossíveis, mesmo para quem não tem deficiência. Ela escolhe o que irá fazer, de acordo com o sonho que delineou e considerando suas forças e limitações, detectadas no processo de autoconhecimento.

Capítulo 11

SONHO E REALIDADE

Uma das consequências do sonho é a necessidade do saber necessário à busca de sua realização. Quem sonha, quem faz uma escolha em relação ao futuro e age para transformá-la em realidade, precisa adquirir o saber indispensável, pois somente sonhar não significa quase nada. Ao agir para transformar seu sonho em realidade, a pessoa libera o empreendedor que existe dentro de si.

Os saberes necessários ao processo de realização do sonho, porém, não estão nos livros. Eles serão criados e recriados no processo de concretizar o sonho, durante toda a vida do empreendedor. Ele estará sempre diante do desafio de imaginar o novo e torná-lo real por meio de processos também inovadores. Caminhos traçados por outros não servem, porque estão impregnados da subjetividade alheia.

Tudo o que se refere a empreender deve ser simples, porque será transformado em ação. O conceito usa a linguagem do dia a dia, e não o palavreado cheio de expressões em inglês dos economistas e administradores de empresas. Mas sua aplicação não é tão simples assim, porque, na nossa sociedade, não estamos habituados a sonhar.

É comum os pais perguntarem aos filhos: "O que você quer ser quando crescer?". Mas isso não é perquirir sobre o sonho, já que tal pergunta não se dirige à criança, mas ao adulto que potencialmente ela contém. Ela induz pensar que a criança e o adolescente não são seres completos, mas transições que conduzem à fase adulta e, portanto, devem sonhar somente para quando crescerem. É uma pergunta que não leva em consideração a harmonia entre o eu da criança e suas escolhas.

Por outro lado, a resposta da criança é avaliada pelo prestígio da carreira que escolheu, e não em relação a sua felicidade. Além do mais, a pergunta tem por trás uma intenção de controle. Se a criança escolher uma profissão não valorizada, os pais entram em ação para tentar substituí-la e modificar, conforme sua conveniência, os planos de futuro que a criança concebe para si mesma.

Essa pergunta é feita há gerações, mas não conduz ao empreendedorismo, do mesmo modo que a escola não leva o aluno a formular seu sonho e a buscar sua realização. O sonhador, na nossa sociedade, sempre foi considerado alguém que está nas nuvens, descolado da realidade. Principalmente quando o sonho foge dos padrões adotados pela família ou seu grupo social.

É por isso que, na educação empreendedora, os alunos são estimulados a formular seu sonho. Um sonho nítido proporcionará foco e objetividade na construção de conhecimentos e caminhos para sua realização. A ausência de sonhos ou sonhos opacos, mal definidos, não articulados, causam dispersão e desorientação, tornado mais difícil para o indivíduo delinear a concretização dele ou mesmo a sua perspectiva de futuro. Nossa observação com jovens e adultos nos diz que a grande maioria não experimenta um processo articulado de formulação dos próprios sonhos.

É comum termos mais de um sonho, o que, em si, não é um problema. Mas devemos aprender a definir prioridades, planejar e fazer opções. A questão é: como saber se estamos diante de um sonho que devemos perseguir? A própria pessoa precisa averiguar se o sonho é para ela, se é adequado ao seu eu. Chamo isso de "congruência entre o ego do sonhador e o seu sonho". Isso é a chave para qualquer um, e mais ainda para a pessoa com deficiência, pois só ela pode saber se o sonho que formulou lhe é adequado.

Assim é que, na pedagogia empreendedora, a função do professor é estimular a capacidade do aluno de gerar conhecimentos empreendedores, que são:

1. A formulação de um ponto no futuro que o aluno deseja alcançar;

2. Os caminhos que ele construirá para chegar lá.

Capítulo 11: SONHO E REALIDADE

Considero surpreendente que esse tema não seja tratado na escola e na família, apesar de ser essencial para a vida. Afinal, educar significa preparar o indivíduo para construir seus próprios caminhos. Embora nossas escolas formem excelentes especialistas, o conhecimento científico jamais foi tão indispensável e, ao mesmo tempo, tão insuficiente. A escola também deve preparar as pessoas para inovar, para lidar com o futuro, para ser especialistas no que ainda não existe.

Habituamo-nos a ter o passado como referência determinante. Empresas e pessoas são analisadas pela sua história: contabilidade e balanço, *curriculum vitae*... Claro, o passado é relevante, mas o que importa efetivamente é o que pessoas e empresas podem desempenhar no futuro.

Algumas décadas atrás, quando as mudanças eram mais lentas, a lógica nos dizia que, se a empresa foi bem ontem, certamente repetirá a dose amanhã. Mesma coisa com os indivíduos. Fazia-se a projeção com base na regressão linear: a reta do passado prolongava-se no futuro. Hoje, não temos mais essa certeza. As empresas de base tecnológica já funcionam de modo bem diferente. Por exemplo: os grandes investidores no Vale do Silício[1], chamados "capitalistas de risco"[2], aplicam dinheiro em empresas iniciantes ou mesmo em negócios que ainda não existem. E não se trata de empréstimo; se essas empresas quebrarem, os investidores perdem o dinheiro.

Qual é a ideia desses capitalistas de risco? Eles arriscam milhões de dólares em pessoas capazes de transformar ideias em realidade. Apostam no futuro. E muitas vezes só dispõem de uma coisa em que se apoiar: o papel onde está impresso o Plano de Negócios, que descreve o projeto de uma empresa, a visão de futuro do empreendedor.

---

[1] Vale do Silício, região da Califórnia, EUA, que desde os anos 1950 passou a concentrar empreendimentos baseados em inovações científicas e tecnológicas, sobretudo nas áreas de circuitos integrados (chips), eletrônica e informática. Abrange várias cidades ao sul de San Francisco, incluindo Palo Alto, Santa Clara e San José. Algumas empresas que ali nasceram estão hoje entre as mais importantes do mundo, como Google, Symantec, eBay, Hewlett-Packard (HP) e Microsoft (hoje sediada em Redmond, no estado de Washington), entre muitas outras.

[2] Capitalista de risco é o investidor que aplica recursos para apoiar negócios em troca de participação acionária, geralmente minoritária, com objetivo de obter valorização excepcionalmente alta para seu capital – tão alta quanto à expectativa de sucesso da empresa na qual apostou. Esse tipo de investimento acontece em momentos cruciais dos empreendimentos, isto é, início, expansão ou mudança de gestão.

É claro que a construção do saber é movida pela curiosidade natural do ser humano, mas estou me referindo ao saber necessário à autorrealização. Novos conhecimentos, competências, habilidades e atitudes são adquiridos em razão do papel que desejamos desempenhar no futuro.

O único tempo em que podemos agir é o presente. Mas nossas ações no presente são determinadas pela concepção de futuro que temos. Construímos uma casa porque pretendemos criar um lar. Cursamos uma universidade porque queremos uma profissão de alto nível. Antes de agir, damos uma voltinha no futuro.

Há um bom indicador para identificar o verdadeiro sonho: a emoção. O sonho autêntico provoca emoção, entusiasmo, vontade de pesquisar, conversar, de ler a respeito, encontrar pessoas que conhecem o tema, enfim, desperta um interesse inesgotável.

É diferente do sonho movido exclusivamente pela ambição, por fatores externos, pela atração exercida por um cargo ou remuneração. O sonho legítimo faz brilhar os olhos, acelerar o coração, arranca um sorriso da alma. É simples para quem está habituado a praticar, a buscar dentro de si o que deseja. Mas pode ser difícil para quem não tem esse hábito. Por onde começar?

O primeiro passo de alguém que deseja empreender é se deixar dominar pela emoção, pois é ela que confere significado à vida. A razão nos ajuda a encontrar caminhos. Não é necessário que o sonho seja inédito, porque nossos sonhos são marcados pela nossa subjetividade.

Mas algo que é importante levar em conta é a qualidade do sonho. Muitas vezes, como foi dito antes, ele tem um perfil abstrato, que não nos permite agir. Só temos condições de dar um passo adiante se conseguimos dar concretude ao nosso sonho.

Por exemplo, "Quero ser feliz", "Quero que o Brasil se desenvolva", "Quero diminuir a taxa de mortalidade infantil" — todas essas formulações são desejos abstratos, indefinidos. Eles exigem a pergunta "Como?", ou seja, a escolha entre inúmeras opções: ser médico, economista, fabricante de alimentos, político, nutricionista etc. Dar caráter concreto ao sonho é, portanto, essencial.

Capítulo 11: SONHO E REALIDADE

Depois de ter formulado o sonho, a pessoa deve se preparar para empreender. Ninguém foi tão feliz ao descrever o que faz o empreendedor para transformar seu sonho em realidade quanto o pesquisador canadense Louis Jacques Filion[3]. Em suas pesquisas, ele identificou as seguintes estratégias:

Desenvolvimento do conceito de si:

* Espaço de si;

* Conhecimento do ambiente;

* Rede de relações;

* Liderança.

São também importantes dois itens relacionados à ação a ser desenvolvida:

* Estudo das oportunidades;

* Planejamento.

As estratégias podem ser vistas como ginástica para o fortalecimento dos músculos utilizados na ação empreendedora. Assim como o maratonista, que faz alimentação adequada, exercícios, trabalha com autocontrole e disciplina para enfrentar suas competições, o empreendedor precisa se apoiar em alguns elementos.

O conceito de si é a forma como a pessoa se vê, é a imagem que tem de si mesma. Nele estão contidos os valores de cada um, sua forma de ver o mundo, sua motivação, seu espaço psicológico individual, a autoimagem, o autoconhecimento, a autoestima.

---

[3] Louis Jacques Filion é doutor em empreendedorismo e titular da cadeira dessa especialidade na HEC Montreal, uma das principais escolas de Administração do Canadá. Autor de vários artigos e 15 livros dedicados à matéria, ele tem em sua bibliografia cerca de 150 estudos de caso de empreendedorismo. Foi consultor para formação de professores de empreendedorismo no Brasil por mais de 10 anos e tem publicações traduzidas para o português. Este trecho foi adaptado do artigo de Filion "O planejamento do seu sistema de aprendizagem empresarial: identifique uma visão e avalie o seu sistema de relações", publicado na Revista de Administração de Empresas da Fundação Getúlio Vargas, volume 31, número 3, julho-setembro, 1999.

O indivíduo precisa saber quem é para ter consciência do que vai criar, já que o empreendimento é uma extensão do seu ego. O conceito de si é um elemento-chave para o sucesso do empreendedor. Conhecendo suas forças e limitações, o indivíduo pode construir complementaridades, ou seja, buscar em outros as habilidades, características ou competências que não desenvolveu. Ele faz isso através de sócios, da contratação de colaboradores, consultores etc.

A autoestima elevada é essencial para alimentar a criatividade. O conceito de si está em constante evolução, uma vez que as pessoas se transformam no decorrer da vida. Pode variar em função das relações estabelecidas, do trabalho desenvolvido, da visão que se constrói, das conquistas e fracassos. O conceito de si influencia fortemente tanto a formulação dos sonhos como o desempenho do empreendedor. Projetamos o futuro com base no que supomos ser capazes.

O espaço de si é o universo psicológico de cada um. Reflete aquilo que o costume acabou por estabelecer como espaço reservado a cada um. O futuro empreendedor precisa de um mínimo de espaço para crescer. Não é incomum um empreendedor em potencial abandonar seu meio familiar, trocar de trabalho, mudar de região ou mesmo emigrar para se estabelecer num espaço que lhe permita evoluir em seus próprios termos.

Enfatizo: o desenvolvimento do conceito de si e do espaço de si são indispensáveis na preparação de todo candidato a empreendedor, e importa ainda mais para as pessoas com deficiência que pretendam empreender, pois as rejeições que sofrem são dirigidas principalmente a sua forma de ser e de expandir seu eu. E o empreendedorismo, como já dissemos, é um modo de ser.

Outro detalhe: o espaço de si conquistado permite ao empreendedor potencializar suas diferenças e ver o que outros não veem. Desse modo, ele consegue identificar oportunidades e ocupar um intervalo não preenchido por outros no mercado.

As oportunidades reais só aparecem aos olhos de quem conhece a área onde pretende atuar. Isso se chama conhecimento do ambien-

Capítulo 11: SONHO E REALIDADE

te do sonho. Sem uma profunda compreensão do ambiente, a busca do sonho não passa de aventura.

Conhecer o ambiente do sonho significa saber tudo sobre ele. No caso da abertura de uma empresa, por exemplo, diz respeito a clientes, concorrentes, fornecedores, legislação, rentabilidade, fontes de recursos financeiros, humanos, tecnológicos, necessidades mercadológicas e de gestão. O empreendedor precisa aprender a estabelecer um canal direto com todos esses atores, principalmente com os clientes, que deve ser capaz de convencer a adquirir seu produto.

A oportunidade é uma forma de olhar, está no coração e na mente do indivíduo. Quanto mais ele conhecer o setor, mais será capaz de identificar oportunidades reais e construir estratégias para aproveitá-las.

A necessidade de conhecer profundamente o ambiente se aplica a todo e qualquer projeto de futuro, incluindo o das pessoas que queiram ser pesquisadores, músicos, políticos. Mas como fazer isso?

A principal aprendizagem do empreendedor diz respeito à capacidade de buscar informações. Ele deve ampliar as fontes de informação, procurando ficar em contato com o mundo e com tudo o que possa influir na formulação e na realização do sonho. A educação convencional, que se ocupa de formar especialistas, não dá ênfase às relações como ambiente, não prepara o aluno para lidar com complexidades socioeconômicas indispensáveis à capacidade empreendedora.

Para exemplificar, vamos a uma comparação relativa ao aprendizado para o exercício de duas atividades que se situam nos extremos da utilização de conhecimentos: a do engenheiro mecatrônico e a do pipoqueiro. O primeiro aprendeu na academia a dominar um conhecimento sofisticado, mas sua formação não o prepara para transformar o conhecimento que domina em riqueza. Ele só lida com uma variável: a tecnologia.

Por seu turno, um pipoqueiro domina uma tecnologia elementar, que dispensa o aprendizado escolar. Mas, na prática, ele aprende o que engenheiro não aprendeu na escola: a lidar com a complexidade do ambiente, ou seja, conhecer seu cliente e saber convencê-lo a consumir seu produto; a lidar com concorrentes, fornecedores, legislação, finanças, exigências burocráticas e muitas variáveis mais.

Em outras palavras: o pipoqueiro estabelece conexão direta com quem utilizará o seu produto e, para isso, estabelece interfaces múltiplas com a sociedade. Neste ponto, vale lembrar o depoimento do físico Mauro Ferreira, que é professor e pesquisador na Inglaterra e foi obrigado a aprender tardiamente a ser empreendedor para poder continuar suas pesquisas em nanopartículas.

A construção de uma rede de relações é essencial à atividade empreendedora. É através dela que o empreendedor tem acesso a conhecimentos e informações indispensáveis a sua atividade e pode construir uma imagem abrangente do setor em que irá atuar.

O pré-requisito para a formulação da rede de relações é, evidentemente, a nítida formulação do sonho. Sem saber o que deseja, o empreendedor não terá condições de identificar quem poderá ajudá-lo. Assim, após formular seu sonho, será importante o empreendedor procurar pessoas que possam lhe fornecer as informações e os conhecimentos de que necessita.

É comum o empreendedor passar a conviver com pessoas fora do seu círculo original de amizades. "Diga-me com quem andas que te direi em quem te transformarás", diz o professor Filion para mostrar que o empreendedor desenvolve seu aprendizado por meio das relações que estabelece.

Além de contato com pessoas, a rede é tecida mediante participação em feiras, congressos, contatos pela internet etc. O empreendedor procura também ler sobre o assunto e conhecer experiências de terceiros. Ao formar sua rede, o empreendedor quase sempre aprimora a ideia inicial. E, ao modificar algo em seu sonho, sairá em busca de novas pessoas, livros, revistas e tudo o mais que possa compor seus conhecimentos do ambiente e do setor. É um processo contínuo e interativo, na medida em que tais relações contribuirão para modificar o formato inicial do sonho e vice-versa.

A liderança é objeto de estudos de especialistas de diversas áreas que nem sempre concordam entre si. Mas, no processo empreendedor, pode-se dizer que líder é alguém capaz de comunicar seu sonho e convencer pessoas a ajudá-lo. Ele deve demonstrar que tem

Capítulo 11: SONHO E REALIDADE

condições de conduzir-se e conduzi-las a um ponto futuro favorável a todos, porque conhece os meios para isso. A liderança é exercida junto a colaboradores, sócios, investidores, financiadores, fornecedores, clientes, órgãos governamentais.

A liderança do empreendedor provém de um sonho bem formulado e fundamentado no profundo conhecimento do setor em que vai atuar, em uma rede de relações adequada, na qualidade da energia empregada e nas competências que desenvolveu. Tal característica exercerá grande impacto sobre a amplitude do que o empreendedor quer realizar. Como os outros elementos, a liderança é um processo contínuo, realimentado, mutável e depende da evolução do próprio empreendedor e de seu empreendimento.

CID: Eu sempre gostei mais do desafio de criar algo novo e de convencer as pessoas do que de fazer e entregar o produto. Fico imaginando se a sedução é importante no empreendedorismo.

DOLABELA: A liderança empreendedora é um processo de sedução. No empreendedorismo, ela tem características específicas, porque há dois momentos que exigem lideranças de natureza diferente. Na criação e decolagem de um empreendimento, o esforço de liderança visa a construção de um futuro atraente. Trata-se do processo de seduzir pessoas para ajudar o empreendedor a realizar o seu sonho. Esse tipo de liderança se manifesta junto a sócios, financiadores, capitalistas de risco, clientes, fornecedores, empregados etc. No segundo momento, quando a empresa já está em operação, é indispensável a liderança voltada ao presente, à execução de tarefas e persecução de metas. Trata-se da liderança de equipe. A partir de determinado momento, as duas lideranças convivem. É sempre indispensável a capacidade de comunicar o próprio sonho. Mas o perfil do líder não é definido "a priori". É contingencial.

CID: Um dos pressupostos é que empreender é viver, é criar, inventar, inovar. Então, quem não empreende tem uma vida mais limitada, menos interessante e vai desempenhar atividades repetitivas.

DOLABELA: No rastro do sistema de emprego, que nega o sonho e desconecta o indivíduo da sua essência, surgem profissões aproveitadoras tais como orientador profissional. Veja o desacerto: alguém vai dizer para mim o que eu quero, colocando-se na posição de alguém que me conhece mais do que eu mesmo. É que as pessoas se acostumam de forma passiva às gavetinhas que são os cargos que o mundo oferece, nas quais devem entrar, espremendo seus corpos e mentes. Depois, seguem a carreira oferecida, os degraus que levam ao topo, festejando a promoção de Analista Júnior C, para Analista Júnior B como grande conquista. O fluxo que impulsiona o empreendedor é inverso — ele não procura uma gaveta para se enfiar, mas cria seu próprio emprego.

A professora de empreendedorismo de Stanford, Tina Seelig, conta a história de uma ex-aluna que se formou e, uma semana depois de receber o diploma, entregou ao pai seu cartão de visita. O pai, na faixa dos 50 anos e com mais de trinta de empresa, olhou para o cartão de visita e falou "Filha, você acabou de se formar e no seu cartão de visitas está escrito 'Presidente'? Eu, depois de trabalhar mais de três décadas, ainda não sou nem diretor!". A garota respondeu: "Olha, pai, eu não preciso subir os degraus que alguém criou. Começo na altura que eu quiser". Esse é o retrato de uma empreendedora, alguém disposto a romper com o sistema.

CID: Neste contexto, precisamos entender que a deficiência é parte de nossas vidas, não o fim. É possível viver ativamente, realizar sonhos, desfrutar da companhia de amigos e familiares, trabalhar e se divertir, apesar das limitações impostas pela deficiência. Na verdade, em muitos casos, vemos pessoas realizarem mais na adversidade do que em situações tidas como normais. Minha mensagem é: viva intensamente, sempre!

Capítulo 11: SONHO E REALIDADE

Há uma grande diferença entre ideia e oportunidade. Atrás de uma oportunidade sempre existe uma ideia, mas nem toda ideia significa um negócio de sucesso. Ter boas ideias não é difícil. Muitos pensam que ter uma ideia é suficiente. Mas não é: empreender é a capacidade de transformar ideias em realidade.

A identificação de oportunidades e a capacidade de convertê-las em negócio de sucesso não se dão ao acaso, são consequência do domínio das estratégias empreendedoras descritas anteriormente: conceito de si, espaço de si, rede de relações, conhecimento do setor, liderança, energia. Mas não é só.

O empreendedor, segundo o professor americano Jeffry Timmons[4], "é alguém capaz de identificar, agarrar e aproveitar oportunidades. Para transformá-las em negócio de sucesso, busca e gerencia recursos". Nesse conceito, distinguimos três movimentos dirigidos à oportunidade: identificar, agarrar e aproveitar; e dois movimentos relacionados a recursos: buscar e gerenciar. O ato empreendedor se completa com a ocorrência de todas essas ações.

A capacidade de identificar oportunidades é fruto do "olhar". É, portanto, atributo do indivíduo que aprendeu a ver o que outros não veem.

O saber empreendedor ultrapassa o domínio de conteúdos científicos, técnicos, instrumentais. Esses pouco servem para quem não sonha, para quem não tem a capacidade de, a partir deles, gerar novos conhecimentos para produzir mudanças que signifiquem avanço para a coletividade.

---

[4] Jeffry A. Timmons (1941-2008), professor na Harvard University, onde se formou, e depois no Babson College, cuja reputação ajudou a consolidar como uma das melhores escolas de Administração e Empreendedorismo dos EUA. Foi uma das autoridades de maior destaque mundial em pesquisa, ensino, desenvolvimento de currículos e produção acadêmica em empreendedorismo, capital de risco, criação e financiamento de novos empreendimentos. Seu nome foi atribuído à cátedra de empreendedorismo do Babson College. Publicou 10 livros sobre sua especialidade, além de uma centena de artigos e casos para estudo. Esta citação é da quarta edição de seu clássico *New Venture Creation: Entrepreneurship for the 21st Century*, publicado pela Irwin em 1994.

A "rebeldia" do empreendedor não se manifesta somente pela denúncia do inadequado, do obsoleto, do antissocial, mas pela proposta de solução para eles. Por isso é que só o sonho (ou a ideia) não é suficiente para configurar o empreendedorismo, pois este supõe a ação empreendedora; é preciso ser capaz de transformar o sonho/a ideia em algo concreto, viável, sedutor pelo seu poder de trazer benefícios.

Vamos tomar como exemplo um jovem escritor que criou uma editora virtual, usando a internet.

O primeiro passo — identificar a oportunidade — foi dado quando ele quis reunir em livro as colunas que publicara em um jornal e encontrou tremendas dificuldades para publicar o trabalho em uma editora tradicional. O acesso ao mercado editorial é bastante difícil para os iniciantes. Como foi capaz de identificar a oportunidade? Pelo conhecimento que tinha da área como leitor contumaz e navegador da internet, mas principalmente pelo entendimento dos mecanismos que regem os negócios nesse campo, somados a um espírito questionador e a uma boa dose de criatividade.

No caso dele, a identificação da oportunidade teve a ver com uma necessidade ou problema, o que é bastante comum. Mas somente o ato de identificar a oportunidade não faz o empreendedor. É preciso mais, é preciso saber agarrá-la. O que significa agarrar uma oportunidade?

No nosso exemplo, o jovem escritor criou uma editora virtual, uma forma de publicar livros na internet, com custos e riscos diminuídos. Ele percebeu que escritores desconhecidos, como ele, adorariam ter um canal para publicar seus primeiros livros. Seu teste foi o próprio livro. A resposta foi maravilhosa. Milhares de leitores acessaram seu livro.

A porta estava aberta. Ele foi capaz de cumprir as duas primeiras etapas:

Capítulo 11: SONHO E REALIDADE

1. Identificar um problema — a dificuldade de publicar livros no mercado editorial tradicional;

2. Agarrar a oportunidade — ou seja, criar uma solução para o problema, via edição virtual a custos baixos.

Faltava a terceira e última fase:

3. Aproveitar a oportunidade — ou seja, como ganhar dinheiro com essa atividade.

Tratava-se, então, de definir o modelo de negócio, criar os meios para colocar o novo serviço à disposição do cliente e manter com este uma relação que fosse vantajosa para todos. Ou seja: conceber uma empresa capaz de desenvolver e manter atualizado o serviço, comunicar sua existência aos clientes potenciais, seduzi-los a ponto de transformá-los em usuários e atendê-los de forma a conquistar e manter uma fatia de mercado que permitisse alcançar o retorno desejado.

Como agir para transformar um sonho (ou a oportunidade detectada) em realidade? Algo essencial é a organização das ideias e caminhos a serem seguidos em um documento simples, algo como um "mapa do sonho", que descreva o planejamento da realização do sonho em todas as suas etapas e detalhes. Ele deve responder minuciosamente àquelas duas perguntas básicas: "Qual é o seu sonho?" e "O que deverei fazer para que ele se torne realidade?".

O Mapa dos Sonhos precisa ser permanentemente atualizado. É um guia pessoal, que só deve ser preenchido pelo sonhador, de modo que ele possa criar e registrar, com autonomia e independência, os conhecimentos e meios para realizar seu sonho. Sua aplicação é genérica, isto é, serve para sonhos de qualquer natureza. Quando o sonho for a criação de uma empresa, o Mapa dos Sonhos se transforma em Plano de Negócios.

Uma parte importante da atividade empreendedora é a busca e o gerenciamento de recursos para realizar o sonho. Esses recursos dizem respeito a dinheiro, tecnologia, pessoas, equipamentos, capacidade de gestão etc.

É comum ouvir alguém dizer: "Identifiquei uma excelente oportunidade, sei satisfazer às necessidades dos clientes, porque tenho um produto excelente, mas não tenho dinheiro nem quem me forneça recursos". Ora, o empreendedor é justamente alguém que faz as coisas, apesar dos recursos escassos, e empreender significa saber buscar tais recursos. Evidentemente, essa é tarefa de alta dificuldade. Principalmente no Brasil, um país onde as condições para quem deseja empreender são extremamente hostis. Mas não impossível.

Além do Plano de Negócios há ferramentas muito simples que podem ser utilizadas para o planejamento da empresa. São ferramentas do tipo Empresa Enxuta (*Lean Startup*), *Effetuation* (Efetuação), *Bootstrap* (usar o que se tem à mão), Painel de Modelo e Negócios (*Canvas Business Model*). Todos esses instrumentos são acessíveis via internet.

Capítulo 12

EMPREENDEDORISMO E DEFICIÊNCIA

O empreendedorismo não faz discriminação entre pessoas com ou sem deficiência; serve a todos indistintamente. Mesmo porque, na maioria dos casos, as deficiências não impedem a utilização do potencial empreendedor.

Ao criar sua empresa ou se estabelecer como autônoma, a pessoa com deficiência afastará ou reduzirá ao mínimo a carga negativa do preconceito no seu trabalho. Além disso, ela poderá desenvolver níveis de competência empreendedora com a mesma intensidade e qualidade dos demais.

Como foi dito anteriormente, não existe teoria empreendedora para pessoas com deficiência. O que se deve fazer é criar programas específicos para esse segmento populacional. Mostrar como é o propósito deste capítulo.

Antes de mais nada, é importante a percepção de que a deficiência não é necessariamente um limitador para a tarefa empreendedora, já que empreender requer atividades e atitudes diferentes daquelas do mero executor de tarefas ou funções.

Quando se fala em inserção no trabalho da pessoa com deficiência, o que vem à mente é o emprego. E, consequentemente, as imensas dificuldades de adaptação, porque empregos definem claramente a tarefa a ser feita. E as empresas não têm como prática projetar funções tendo em vista pessoas com deficiência. Infelizmente.

O empreendedorismo, conforme vimos, é movido por outra lógica. A descomunal vantagem que ele apresenta em relação ao emprego — que vale também para pessoas sem deficiência — é que o empreendedor não se molda a uma descrição de cargo pré-existente, ele cria seu próprio trabalho e define o que irá fazer. Ele inclui, em sua rotina, constantes e inevitáveis mudanças no que deve ser feito e como deve ser feito. Nesse sentido, o empreendedor com deficiência tem uma liberdade que lhe é negada como empregado.

Há, pelo menos, duas formas de inserção no mundo do trabalho. Uma delas é através do emprego, que admite alguém com determinada qualificação e domínio de certos conhecimentos, habilidades e competências requeridas. A outra forma é o empreendedorismo, onde a pessoa define seu próprio trabalho e o faz de forma inteiramente autônoma.

O especialista empregado — e há alguns que são autônomos e, portanto, considerados empreendedores — domina conhecimentos consolidados, apoiados na ciência e/ou em práticas que deram certo. Ele aplica o que aprendeu no passado para agir no presente.

Graças ao especialista, os processos, produtos e serviços em todas as áreas da ação humana evoluem constantemente. É reconfortante saber que o engenheiro encarregado da construção da minha casa e o cirurgião que vai me operar dominam as mais recentes descobertas nas técnicas cirúrgicas e de construção. O especialista age com riscos mínimos, perto de zero, se forem excetuadas as contingências relativas à incerteza de tudo o que diz respeito ao ser humano.

Já o empreendedor está interessado em inovar, transformar o mundo. Por isso, escolhe criar o futuro. Poderíamos classificá-lo como um "especialista no que não existe". Por isso mesmo, a atividade dele sempre envolve riscos. O bom empreendedor se esforça para reduzi-los, já que ninguém, muito menos ele, gosta de riscos, embora saiba que o risco é inevitável.

Empreendedores e especialistas são indispensáveis. No entanto, o Brasil se descuidou do estímulo aos primeiros. Como historicamente importamos tecnologia, somos preparados para operar sistemas gerados por outros.

A distinção entre especialistas e empreendedores é uma avenida para o entendimento da importância do empreendedorismo para as pessoas com deficiência.

Pode ser que a pessoa com deficiência seja inabilitada para a execução de uma especialidade, mas dificilmente o será para fazer

Capítulo 12: EMPREENDEDORISMO E DEFICIÊNCIA

uso da criatividade, da ousadia, da emoção, da vontade de transformar sonhos em realidade. Isso é muito diferente de usar habilidades manuais.

Podemos estender o raciocínio para tornar nítidas as diferenças entre empregado e empreendedor e, através disso, entender a razão de sugerirmos fortemente o tema empreendedorismo para pessoas com deficiência, e não nos restringirmos somente ao emprego.

Vamos recorrer a algumas perguntas.

Pode um surdo criar uma empresa de ensino de oratória? Como alguém que não sabia programar criou um fabuloso gigante de informática, a Apple? Uma pessoa que jamais cozinhou pode abrir e gerenciar um restaurante? Um cadeirante pode ser dono e dirigente de uma academia de judô? O que nos pode dizer o exemplo de *Frank Williams*, que é cadeirante e proprietário da Escuderia Williams de Fórmula 1, premiado em 2010 como Personalidade do Esporte do Ano pela emissora britânica BBC?

Por outro lado, há grandes médicos que fracassam na direção de um hospital, excelentes engenheiros civis que não conseguem gerenciar uma empresa de construção, grandes cozinheiros cujos restaurantes faliram.

Um grande marceneiro usa sua habilidade física para trabalhar, condição que afasta muitas pessoas com deficiência dessa função. No entanto, um tetraplégico poderia muito bem ser o proprietário de uma fábrica de móveis, porque as competências do empreendedor são outras. Mais do que saber pôr a mão na massa, o dono da marcenaria deve ser um articulador de recursos, um conhecedor profundo do setor de fabricação de móveis, alguém que use sua criatividade, a capacidade de identificar oportunidades, buscar e gerenciar recursos e também de assumir riscos.

Conhecendo suas forças e limitações, esse empreendedor pode atrair pessoas que o complementem, pois as habilidades de sua função são diferentes das que apresenta um cozinheiro. O grande *chef* garante uma refeição maravilhosa, mas não necessariamente o sucesso como dono de restaurante. Falências apoiadas nesse pressuposto são abundantes.

Apesar de o senso comum supor o contrário, a habilidade de execução, a capacidade de fazer um determinado produto ou serviço não é indispensável ao empreendedor e nem garante o sucesso. Como já foi dito, o empreendedor tem que desenvolver o conceito de si, o autoconhecimento, saber o que pode e o que não pode, o que sabe, o que deseja e não deseja. E, principalmente, dever ter consciência do que não sabe. Essa percepção é indispensável para impedir que funções essenciais sejam realizadas com incompetência ou desleixo. Assim, desenvolver o potencial empreendedor de pessoas com deficiência não tem nada a ver com qualificação profissional para o emprego.

O empreendedor deve dominar outro tipo de conhecimento:

- O *know why* (saber por quê), isto é, conhecer a oportunidade, o problema, e saber a solução, inovar;

- O *know when* (o quando), desde o momento de começar até o de tomar decisões;

- O *know who* (saber quem), que consiste em tecer sua rede de relações e convocar pessoas que possam colaborar;

- O *know where* (o onde), conhecimento do setor, sua situação, a localização de sua clientela e seus fornecedores.

Além disso, cabe a ele buscar o autoconhecimento e exercer liderança.

Dito isso, fica claro que a pessoa com deficiência, como todas as demais, é perfeitamente capaz de empreender, mesmo sendo inabilitado para executar. Como a empresa ou empreendimento é a extensão do eu do seu criador, a pessoa com deficiência não precisará se adaptar à função, como no emprego. Pelo contrário, fará com que as funções a desempenhar se adaptem a ela.

Por isso, o empreendedorismo é uma ampla avenida a ser percorrida pelas pessoas com deficiência. Em alguns casos, certos tipos de deficiência podem potencializar a capacidade de imaginar, de perceber, de concentrar, de criar, de ousar e de maximizar a capacidade de sentidos.

Capítulo 12: EMPREENDEDORISMO E DEFICIÊNCIA

É comum supor que o grande patrimônio do empreendedor é a ideia de um produto ou serviço. Mas ideias valem zero. O que define o empreendedor é a competência para transformar uma ideia em uma iniciativa de sucesso. Para isso, ele precisa ter a capacidade de buscar e gerenciar recursos humanos, técnicos, administrativos, mercadológicos, financeiros.

Quando alguém diz: "Tenho uma grande ideia, mas não sei como buscar recursos para transformá-la em realidade", falta-lhe a parte mais importante do perfil empreendedor.

Claro, não se trata de dizer que empreender no Brasil é fácil. Mas, por isso mesmo, a habilidade para consegui-lo é indispensável. Dessa forma, a boa educação empreendedora não se restringe ao domínio de conteúdos, ferramentas, tecnologias. O empreendedorismo trata principalmente de valores, de tolerância ao risco, de ousadia, criatividade, imaginação, redes de relações. O tema é cultural.

O empreendedorismo se adapta muito bem às pessoas com deficiência, porque permite que elas projetem seu trabalho e seu futuro sob a perspectiva da expansão do seu próprio eu, em sintonia com sua percepção de mundo. Isso se contrapõe à proposta do emprego, com funções fixas, pré-definidas em uma descrição de cargos que, naturalmente, não é feita para o trabalhador com deficiência. No lugar de tentar se adaptar com sacrifício ao emprego e sofrer toda a sorte de restrições e preconceitos, é melhor que a pessoa com deficiência conceba o futuro que deseja e defina o que e como irá fazer para se realizar.

Mas é bom deixar claro, mais uma vez e sempre, que convém afastar a ideia equivocada de que exista uma teoria relativa ao empreendedorismo para pessoas com deficiência, algo que lhes seja específico. Pode-se ter um olhar diferente para uma categoria de pessoas, entretanto, o empreendedorismo é universal e se aplica a todo tipo de indivíduo e de áreas de atuação. Não há uma teoria para quem deseja abrir uma fábrica de goiabada cascão e outra para quem almeja criar uma sofisticada empresa de *software*. O empreendedorismo é uma forma de ser; a escolha da área em que se vai empreender é individual.

Diante disso, que mensagem dar sobre empreendedorismo às pessoas com deficiência e aos formuladores de políticas públicas nessa área?

O empreendedorismo é a forma mais nobre de inserção no trabalho, mas, na nossa cultura, não ocupa lugar central, pelo contrário. A educação oferecida nas escolas — da creche ao ensino superior — passa ao largo desse tema, sem que as pessoas se deem conta de que a velha fórmula, o emprego, limita a paixão, os sonhos e a felicidade das pessoas.

Por outro lado, também se esquecem de que a melhor forma de combater a pobreza, promover a justiça social, gerar o crescimento econômico é o empreendedorismo.

A dificuldade de fazer a ligação entre empreendedorismo e deficiência vem, em primeiro lugar, do fato de nossa cultura desqualificá-lo como escolha central de inserção no universo do trabalho. O segundo obstáculo é o preconceito, a rejeição de que são alvo as pessoas com deficiência. Apesar de inúmeros casos de empreendedores com deficiência de sucesso, não existem políticas ou programas destinados ao empreendedorismo para pessoas com deficiência.

DOLABELA: Estamos tão acostumados a ver a organização da produção apoiada na relação patrão/empregado que nos é difícil imaginar outra configuração. No entanto, é antiga a tendência à diminuição do número de empregados e ao aumento da quantidade de empreendedores individuais em quase todos os setores da economia. Estamos transitando para uma nova configuração do sistema produtivo, em que miríades de nanoempreendedores proverão tanto a sociedade quanto as empresas, grandes e médias, com os serviços e produtos necessários. Empresas serão estruturadas como "confederação de empreendedores", cada um deles preservando sua autonomia.

CID: Acho que o empreendedorismo no Brasil construiu uma reputação negativa em virtude da ação de empreendedores picaretas.

Capítulo 12: EMPREENDEDORISMO E DEFICIÊNCIA

DOLABELA: No mundo todo, o empreendedor é visto como o tubarão sem ética, que engole os peixinhos e faz qualquer coisa para ganhar dinheiro. No Brasil, além disso, há uma associação entre corrupção e empreendedorismo, pois a história mostra que governos e empresários vivem em promiscuidade.

CID: Temos vários exemplos de homens de negócios que surgem como grandes empreendedores e terminam demonizados por seus pares e imprensa, além de, muitas vezes, perseguidos pelos agentes de Estado.

DOLABELA: Ao contrário do protestantismo, que manda para o céu quem trabalha e fica rico, o catolicismo condena a riqueza, criando a metáfora que está no inconsciente coletivo do brasileiro. Segundo o sociólogo e economista Max Weber, para um país, os valores e atitudes do povo são mais importantes do que as riquezas naturais. Entre esses valores estão a liberdade, a criatividade e a religião.

O líder chinês Deng Xao Ping (1904-1977), criador do chamado "socialismo de mercado", mudou a história da China comunista ao dizer, na década de 1980, que "enriquecer é glorioso". No Brasil, ainda temos que aprender a não condenar a riqueza. Mas, antes disso, temos que entender que o preço da riqueza sem trabalho é a miséria de muitos.

Aqui, é preciso abrir um parêntese para falar sobre sociedades como a nossa, portadoras de um deficit na área de empreendedorismo. Essa deficiência decorre de valores culturais inadequados. Assim, podemos dizer que, quanto ao empreendedorismo, existe outro tipo de deficiência, talvez mais inabilitante. Sendo cultural, ela atinge a grande maioria. Em consequência, as pessoas sem deficiência não conseguem empreender em virtude de limitações provenientes da sua forma de ver o mundo de crenças, cultura, religião.

Essas pessoas ignoram que poderiam ser transformadoras se quisessem. A metodologia de educação empreendedora que criei e venho aplicando tem como primeiro objetivo fazer as pessoas terem consciência de que não nasceram submissas, sem a vontade de ser protagonistas e autoras de si mesmas. A capacidade de inovar nasce de valores culturais, e não da aquisição de conhecimentos acadêmicos. Inova quem é dominado pela volúpia da transformação, e não somente porque possui um doutorado.

Um truísmo enganoso diz que alguns nascem para mandar e outros para obedecer; poucos transformam e a maioria segue. Religiões fortalecem essas mentiras. Mas basta observar: nossos ícones históricos e as pessoas que admiramos são pessoas que mudaram algo, superaram situações difíceis, que as aprisionavam em papéis submissos.

É evidente que, para trabalhar, seja como empregado, seja como empreendedor, um indivíduo com deficiência percorre um caminho mais longo e mais árduo do que alguém sem deficiência. A energia que uma pessoa com deficiência despende para se posicionar ou reposicionar no mundo, para avaliar as forças de que dispõe para enfrentá-lo, é imensa. Muitas vezes, isso forja pessoas com grande força de vontade, de realização, de superação. Mas tal esforço será menor se dirigido à realização do próprio sonho. Mesmo porque, como vimos, a busca dos sonhos é sustentada pela emoção por eles gerada.

É muito conhecida a história da borboleta que se debatia dramaticamente para sair do casulo. Uma pessoa, penalizada pela luta de vida ou morte, decide intervir, ajudando o inseto a sair do casulo. Entretanto, a borboleta não consegue voar e logo morre. A pessoa não sabia que a luta para sair do casulo é que lhe dava forças para viver e voar.

Apesar de não ser uma panaceia, o empreendedorismo é uma alternativa aberta a todos. A deficiência que não atinge as atividades cerebrais pode talvez dificultar o trabalho da pessoa que precise acionar o corpo para trabalhar, mas não irá aplacar sua capacidade empreendedora.

Ao estimular a pessoa a explorar suas potencialidades, o empreendedorismo realça seus talentos e pontos fortes. Em contraposição, no mundo do emprego as, deficiências são amplificadas por estarem fora do padrão.

Capítulo 12: EMPREENDEDORISMO E DEFICIÊNCIA 99

O emprego é impessoal, não leva em conta as particularidades de cada indivíduo, é uma proposta descolada da forma de ser de cada um. Assim, a pessoa com deficiência será alguém estranho no emprego, já que, obviamente, as descrições de cargo não são feitas para elas. Isso permite sua inserção, mas não resolve o problema da rejeição. Ela acaba sendo uma intrusa imposta pela lei.

Uma lição inerente à ação empreendedora e decisiva na obtenção de resultados é que o empreendedor, para ter sucesso, é obrigado a se concentrar em um alvo, em um interesse, pois a abertura do leque de objetivos e frentes de ação leva inevitavelmente ao desperdício de energias e potencialidades.

Pessoas com arte e gênio, brilhantes em muitas áreas, caíram na obscuridade pelo fato de não se fixaram em nenhuma. Não por falta de volúpia, de paixão. Mas certamente por falta de alvo. A pessoa com deficiência provavelmente terá grande capacidade de concentrar-se no objetivo definido.

Outra lição contrária ao que a nossa cultura ensina é que o sucesso não está em atingir o alvo, mas na caminhada, no processo. Porque a chegada, como vimos, significa o fim, é vazia. Assim, a luta da borboleta, que metaforicamente corresponde à luta da pessoa com deficiência, significa maior proximidade em relação ao sucesso.

O paradoxo inerente às empresas é que, para trabalhar em escala — produzir e vender em grandes quantidades —, elas precisam de normas e procedimentos, comando e controle. Na produção, erros não podem acontecer. Ao mesmo tempo, ela é obrigada a inovar para sobreviver. Mas a inovação exige um tipo de organização diferente, capaz de manter o equilíbrio entre flexibilidade e rigidez, entre liberdade para criar e comando e controle.

Inovar quando se está por conta própria é uma coisa. Outra bem diferente é quando a pessoa trabalha em uma empresa estruturada. Nesse caso, o principal obstáculo à inovação dentro da empresa, ou intraempreendedorismo, tem origem na hierarquia, na estrutura de poder da organização. Mas não impede que surjam intraempreendedores.

CID: Eu sempre achei difícil ter uma atitude empreendedora nas empresas em que trabalhei. A maioria das grandes ideias e diretrizes vinha da matriz no exterior. Realmente, no Brasil, damos pouco espaço ao inovador, ao visionário, ao empreendedor, a personagens como o Barão de Mauá, Bill Gates, Steve Jobs, e outros. Isso atrasa o desenvolvimento do país.

DOLABELA: É, o empreendedor tem que ser visto como um articulador, e não como um executor. No início da empresa, não é raro o empreendedor executar tarefas. Foi o caso do Mark Zuckerberg, do Facebook, e do Bill Gates, da Microsoft. Mas, à medida que a empresa cresce, o criador deixa a execução das operações. O que ele faz? Ele olha para o futuro e para fora da empresa; identifica oportunidades. Já o Steve Jobs, criador da Apple, não sabia programar. No entanto, revolucionou seis indústrias: computadores pessoais, filmes de animação, música, telefones, tablets e publicação digital. Portanto, a deficiência pode causar uma restrição operacional, mas não necessariamente uma restrição empreendedora.

CID: Por isso mesmo, quanto às pessoas com deficiência, as políticas deveriam obedecer ao princípio do tratamento desigual aos desiguais, que está na contramão de tudo que está sendo proposto agora, que é dar tratamento igual aos desiguais. A desigualdade na oferta de oportunidades é a fonte dos problemas tanto das pessoas com deficiência como dos excluídos economicamente. Na verdade, o que existe é a tentativa de mascarar as diferenças e tratar todo mundo da mesma forma.

DOLABELA: Esse discurso da falsa igualdade tem a ver com a armadilha do emprego, do mundo corporativo. Penso que é melhor ser cabeça de sardinha do que cauda de tubarão, conforme diz o ditado. É melhor empreender e dominar um conteúdo do que fazer carreira em empresas ou organizações, porque emprego bom é aquele que prepara o indivíduo para empreender.

Capítulo 12: EMPREENDEDORISMO E DEFICIÊNCIA

As pessoas não gostam do emprego. Elas temem a tragédia de que ele venha a lhes faltar, mas todo emprego é ruim, a menos que seja uma fase de aprendizado para a realização do sonho empreendedor. Ou seja, o emprego é bom quando prepara a pessoa para abandoná-lo. Quem é empregado e não tem um sonho, uma concepção de futuro, está em péssima situação.

CID: Temos que fazer com que o tema deficiência ultrapasse os limites das pessoas com deficiência e envolva a sociedade, que deve reavaliar suas atitudes. Toda a sociedade deve estar envolvida, até porque o tema afeta a todos.

O intraempreendedorismo acontece quando empregados inovam, criam produtos, tecnologias, processos. As inovações geradas por eles podem se referir à própria empresa em que trabalham ou produzir novas unidades, que se separam da empresa mãe, mas são apoiadas por ela.

O conceito foi desenvolvido por consultores suecos nos anos 1970. Ao perceber que boas ideias geradas pelos empregados não eram aproveitadas, eles resolveram reduzir a ênfase nos sistemas de controle e priorizar estímulos para que as pessoas assumissem riscos e implementassem inovações. Em outras palavras, as estratégias usadas pelo empreendedor ao criar um novo negócio passaram a ser aplicadas dentro da empresa.

O foco do empregado empreendedor deixa de ser apenas a sua especialidade. Ele passa a se interessar pelo que acontece no mundo lá fora e a ter o olhar do dono, assumindo sua inquietude e sua ousadia para inovar. Mas a prática demonstra que, para ter intraempreendedores em seus quadros, as empresas precisam criar o ambiente adequado, oferecendo liberdade, estimulando a criatividade, fornecendo capital-semente e dando espaço para os erros.

A inovação não é uma especialização como a engenharia de *software*, na qual as pessoas que dominam esse conhecimento, essa competência, conseguem o melhor. No que diz respeito à inovação, nunca se sabe de onde ela surgirá; por isso, é importante que o maior número de pessoas seja estimulado a ousar e esteja em um ambiente propício à inovação. Daí a importância de haver massa crítica.

A inovação está definitivamente incorporada ao conceito de empreendedorismo. Duas correntes predominam nessa área. Uma defende que só é empreendedor quem inova. Outra — e eu me incluo nessa categoria — considera empreendedor todos os que trabalham com autonomia, sem depender de ninguém, mesmo que não inove. Esse conceito é utilizado pelo GEM, o *Global Entrepreneurship Monitor*, que realiza anualmente a maior pesquisa internacional na área[1].

Não é possível contratar um empreendedor da forma como se contrata um empregado especialista. Por quê? Porque o empreendedor é feito pelo ambiente; a empresa precisa dispor de uma cultura que dê espaço ao empreendedor e seja capaz de transformar aquela pessoa "quadrada", que adora rotinas, em alguém criativo.

Vamos supor que uma empresa consiga contratar um empreendedor — o que é uma missão praticamente impossível, porque empreendedores não buscam emprego. Mas, se acontecesse tal milagre, quais seriam as opções desse novo empregado?

Uma delas é mudar a empresa, para que haja maior espaço para a expansão do seu eu — empreendedores costumam ter ego fulgurante —, mas isso é algo inalcançável. Outra opção é o novo empregado ceder ao clima pouco inovador e se acomodar, deixando de ser empreendedor. Ou, por fim, sentindo o aperto das restrições a sua capacidade de inovar, ele pede demissão.

Resumo da ópera: não se busca no mercado o intraempreendedor, o inovador; é preciso fazê-lo em casa, através do ambiente adequado.

O empreendedorismo é hoje tema indispensável em qualquer política de crescimento econômico. Organizações internacionais, como a ONU, o Banco Interamericano de Desenvolvimento (BID), o Fórum Econômico Mundial (de Davos, Suíça), defendem a difusão

---

[1] A pesquisa GEM, iniciada em 1999, é uma avaliação anual do nível da atividade empreendedora em cada país participante. Nasceu de uma parceria entre a London Business School, da Inglaterra, e a Babson College, dos Estados Unidos. O levantamento envolve uma exploração do papel do empreendedorismo no crescimento econômico nacional e revela a riqueza das características associadas com a atividade empreendedora. Estuda também, em nível detalhado, o comportamento dos indivíduos com respeito à criação e ao gerenciamento de novos negócios.

Capítulo 12: EMPREENDEDORISMO E DEFICIÊNCIA 103

em massa do empreendedorismo por meio da educação em todos os níveis e conclamam os governos a criar condições ideais para as empresas, assim como a estimular e apoiar o empreendedor iniciante.

A Coreia do Sul deu um grande salto nessa área em três décadas. Singapura pulou para o time do mundo desenvolvido em 25 anos. Israel é um enxame de *startups* — isto é, projetos ainda em fase de desenvolvimento e de pesquisa de mercado que costumam receber injeções de capital de risco. Há várias cidades e regiões que se tornaram modelos, como as americanas Jackson Ville, na Flórida; e Austin, no Texas.

A minúscula Mondragón, no País Basco, Espanha, reergueu-se, depois da perseguição determinada pelo ditador Francisco Franco, graças à liderança do padre José María Arizmendi (1915-1976), que ali criou o maior conglomerado cooperativo do mundo. Assim como a cidade do "Padre Cooperativo", muitos locais rompem com o passado agrário e de produção de *commodities* e entram no universo da alta tecnologia. Ninguém precisa se deixar vitimar pelo passado. A ação da sociedade civil é fundamental para isso.

O capital de risco — elemento fundamental na geração de *startups* de alto impacto, como as empresas da internet, as chamadas "pontocom" — já existe no Brasil de forma organizada. Há empresas de capital de risco e associações de "anjos" que são pessoas físicas dispostas a investir em empresas sob a forma de "capital-semente".

O papel do capitalista de risco é oferecer dinheiro, capacidade de gestão e *network*. Assim sendo, ele busca empresas de alto crescimento, compra parte dela, interfere na gestão quando julga necessário. Seu objetivo é consolidar a empresa em alguns anos e depois sair, vendendo sua parte, "realizando a colheita", como dizem os americanos. A presença do capitalista de risco é essencialíssima, como comprovado por gigantes como Google, Facebook, Yahoo, Microsoft etc. Todos eles receberam aportes de risco.

Um estudante que desenvolve um produto novo, com alto potencial de mercado, precisa não só de recurso financeiro, mas também da capacidade de gestão. Daí a possível interferência do capitalista de risco tanto na gestão do empreendimento como na introdução dos empreendedores em *networks* de suporte, redes de relacionamento.

A vida dos capitalistas de risco não é tão simples quanto parece, pois, para eles, não se trata dispor do dinheiro sob a forma de empréstimo. A única maneira de garantir a volta do capital investido é sua capacidade de farejar sucesso. Se a *startup* ou a empresa nascente quebrar ou não der lucro, ele perde tudo o que investiu. Daí a razão de eles considerarem o empreendedor mais importante do que a ideia da empresa.

Para eles, o melhor dos mundos é um grande empreendedor com uma grande ideia. Mas, se isso não for possível, o capitalista de risco prefere um empreendedor de primeiro nível com uma ideia de segundo nível. A razão? Porque um empreendedor medíocre com uma grande ideia na mão provavelmente porá tudo a perder. Portanto, se o empreendedor não for bom, eles não investem.

Capítulo 13

POLÍTICA PÚBLICA PARA PESSOAS COM DEFICIÊNCIA

Embora os estudos sobre políticas públicas sejam recentes — e mais recentes ainda no Brasil —, é crescente o interesse por essa temática, tanto do ponto de vista do ativismo social quanto da teoria. Dizem alguns acadêmicos que os direitos da pessoa humana podem ser abordados sob dois aspectos, numa fórmula interessante: "direito ao tratamento como igual e direito ao igual tratamento".

Tratamento igual equivaleria aos direitos universais, como os que constam da Declaração dos Direitos Humanos, que a todos atinge. Já o igual tratamento é o que se refere a grupos socialmente discriminados — negros, mulheres, pessoas com deficiência, grupos em situação de vulnerabilidade social —, aos quais o Estado deve dar tratamento como igual, partindo do reconhecimento das diferenças para, então, garantir a igualdade e a justiça.

A Cartilha do Censo 2010 Pessoas com Deficiência, anteriormente citada, resume de maneira bem compreensível essa abordagem, ao registrar: "(...) a realização dos direitos das pessoas com deficiência exige ações em ambas as frentes, a do direito universal e a do direito de grupos específicos, tendo sempre como objetivo principal minimizar ou eliminar a lacuna existente entre as condições das pessoas com deficiência e as das pessoas sem deficiência".

É nesse quadro que se colocam as políticas públicas, que não se limitam apenas à perspectiva de ações governamentais, pois o Estado não é a única instituição a atuar na comunidade ou no interesse da população. Ou seja, podem ser protagonistas de políticas públicas organizações privadas, organizações não governamentais, organismos multilaterais e redes de políticas públicas ao lado de atores estatais[1].

Essas diferentes entidades podem formular políticas públicas, seja sobre direitos assegurados constitucionalmente, seja sobre novos direitos reivindicados ou reconhecidos pela sociedade ou pelos poderes públicos como apanágio de pessoas, comunidades, coisas ou bens materiais ou imateriais.

Uma política pública dirigida ao empreendedorismo para pessoas com deficiência deve privilegiar alguns canais centrais:

Sensibilização

Programas de sensibilização precisam ser massivos, formadores de cultura, atingindo todas as faixas etárias. Todas as pessoas com deficiência devem ser estimuladas a desenvolver seu potencial empreendedor e ter uma opção viável além daquela de preparar-se para o emprego e fazer um trabalho puramente operacional.

Implementação pelos municípios

A política pública referente à pessoa com deficiência deve ser implementada no âmbito municipal. O plano de ação deve acoplar o conceito de empreendedorismo ao conceito de municipalização, pois o palco do empreendedorismo é a cidade, e não a nação.

Pouquíssimos prefeitos falam em empreendedorismo, mas é compromisso da cidade oferecer educação diferenciada às pessoas com deficiência. Atualmente, são os estados, as unidades da federação, e não os municípios, os responsáveis pela educação a partir do segundo segmento do Ensino Fundamental e do Ensino Médio. Este é um equívoco e um grande entrave.

---

[1] Ver a esse propósito o artigo *Política pública: discussão de conceitos*, de Waner Gonçalves Lima, no número 5, de outubro de 2012, da revista Interface, do Núcleo de Educação, Meio Ambiente e Desenvolvimento, disponível em http://revista.uft.edu.br/index.php/interface/article/viewFile/370/260, (acessado em 14/08/2014).

Capítulo 13: POLÍTICA PÚBLICA PARA PESSOAS COM DEFICIÊNCIA

DOLABELA: O Brasil ainda não percebeu que as cidades são os polos de empreendedorismo. As pessoas se animam a empreender quando percebem que na sua rede de relações primárias ou secundárias há criadores de empresas que se deram bem. A cultura local é decisiva. Prefeitos devem acordar para isso. Se algum prefeito quiser fazer uma grande administração, ter seu nome gravado na história, ele terá que se dedicar a duas tarefas principais. Primeira: preparar — educar, alimentar, apoiar — todas as crianças e adolescentes para um futuro de primeiríssimo nível, no patamar de coreanos, americanos, finlandeses. Segunda: radicalizar a disseminação da cultura empreendedora. Todo o resto, como segurança, crescimento econômico, saúde etc., virá como consequência.

CID: O país, ao abandonar crianças e adolescentes, gera diariamente "deficientes", que não conseguem acompanhar o que acontece no mundo e não conseguem ser produtivos no mesmo grau de uma pessoa de alta formação. No Brasil, nós não respeitamos as crianças.

Outro ponto fundamental é a mobilidade urbana. Impossível compatibilizar os atuais paradigmas de mobilidade urbana com nossa atual cultura de valorização do automóvel como transporte individual. Temos que colocar a pessoa humana como centro. Não estamos falando apenas em melhoras nos transportes. Estamos batalhando por uma nova concepção de espaço urbano e da dimensão do homem nesse contexto, com impacto na educação, no trabalho, no lazer e, inclusive, na segurança pública. O resultado esperado é a reumanização de nossas cidades, com o cidadão como protagonista da construção de uma sociedade verdadeiramente justa e inclusiva. Soa utópico? Talvez, mas não podemos deixar de aspirar, como diria Fernando Henrique Cardoso, pela "utopia do possível".

DOLABELA: Por onde começar?

> **CID:** A principal barreira, hoje, são as calçadas. Poucas cidades têm políticas eficazes para tornar o espaço urbano acessível. Entendo que esta é uma prioridade e que as prefeituras deveriam se responsabilizar pelas obras nas calçadas das áreas de maior circulação de pedestres, cobrando posteriormente dos proprietários. Outro ponto fundamental para garantir o direito de ir e vir é que todo os modais de transporte estejam interligados e plenamente acessíveis, incluindo estações e pontos de parada. Esta é uma questão fundamental quando pensamos em trabalho e empreendedorismo.

O âmbito estadual deveria responder pela formulação da política e sua fiscalização, mas não deveria operar. Ninguém mora no Estado ou na União, que também não podem ter políticas e ações diferenciadas para cada município. Na educação como organizada atualmente, o prefeito que decidir investir na educação só pode atingir crianças até 10 anos e, acima disso, não pode fazer nada.

Nas 140 cidades em que já implementei a educação empreendedora, atingindo cerca de duas mil escolas, dez mil professores e perto de 300 mil alunos, ficou evidente a restrição à que é submetida a ação municipal. A maior parte dos estudantes está nas escolas estaduais, e os estados não se interessam pelo tema...

Uma das razões da inoperância estadual é que a unidade da federação não poderia desenvolver uma ação exclusivamente para um município determinado — suas ações e iniciativas têm de se dirigir a todos os municípios, o que torna as coisas muito difíceis.

Além disso, o estado não tem lentes que lhe permitam enxergar o município em suas necessidades e especificidades. Essa restrição deve ser considerada nas políticas de empreendedorismo para todos, inclusive para pessoas com deficiência. Assim sendo, o estado deve estimular e, por meio de editais, apoiar ações municipais voltadas ao empreendedor com deficiência.

Educação

A educação empreendedora é utilizada intensamente em todo o mundo. Ela deve usar a educação formal, através das redes públicas

Capítulo 13: POLÍTICA PÚBLICA PARA PESSOAS COM DEFICIÊNCIA   109

municipais. As pessoas com deficiência que não estão na escola devem receber educação empreendedora específica. Os cursos deveriam sempre envolver as famílias, pois empreendedorismo não é um tema técnico, mas uma forma de ver o mundo, e a família é o ponto de apoio da pessoa com deficiência, que tem a emoção e motivação vinculadas a ela.

Preparação mediante cursos, principalmente utilizando redes. Em um curso de empreendedorismo para deficientes, cabe um forte componente que abordaria o ego, o conceito de si, o autoconhecimento, a autoestima. Esses temas já são comuns em algumas metodologias, a exemplo da minha Pedagogia Empreendedora. Para aplicação abrangendo pessoas com deficiência, tais elementos seriam ainda mais importantes, com a finalidade de neutralizar a autorrejeição.

Esses cursos devem ser eminentemente práticos, dando espaço amplo para dois pontos chaves:

1. Conceito de si e espaço de si;

2. Análise do sonho do empreendedor e construção de sua congruência.

Em outras palavras, um curso deve ajudar o futuro empreendedor a se conhecer, a formular seu sonho empreendedor (a ideia da empresa) e a desenvolver a análise da congruência entre o seu sonho, o seu eu e as suas forças e fraquezas. Aqui, trata-se de levar o indivíduo com deficiência a entender que, ao criar sua empresa, as próprias limitações que o afligem serão mitigadas.

Um elemento importante ao empreendedor é a internalidade positiva, a crença que a pessoa tem no fato de seus atos poderem gerar consequências transformadoras, que podem mudar algo positivamente no mundo. Quem não é interno positivo, quem não acredita em si mesmo, dificilmente irá inovar.

Núcleos de conectividade e inteligência

Núcleos físicos e virtuais de conectividade e inteligência deveriam ser criados em cada cidade — ou, se o município for grande, em cada bairro. Eles exerceriam funções de assistência individualizada ao empreendedor com deficiência. Seus objetivos seriam:

- Assistir o empreendedor na geração de sua ideia;
- Oferecer instrumentos de planejamento, como *softwares* de planos de negócios;
- Auxiliar os empreendedores a utilizar metodologias conhecidas pela sua simplicidade, como Efetuação, Painel de Modelo de Negócio, Estratégia *Bootstrap*, Empresa Enxuta;
- Assistir individualmente os empreendedores na elaboração do plano de negócios, por meio de *softwares* amigáveis;
- Facilitar a ligação do empreendedor com sistemas de suporte e com redes, mediante:

  a. Centrais de microcrédito;

  b. Assistência contábil, tributária, jurídica;

  c. Formação de clubes de empreendedores (redes de aprendizagem entre pares), para aprendizagem e troca de informações;

  d. Mentoria, assistência ao empreendedor feita por empreendedor experiente.

Anexo

CASOS DE EMPREENDEDORES

Para ilustrar nossa tese de que empreender é para todos, sem distinção de idade, gênero, cor da pele ou, no caso, o fato do empreendedor ter ou não uma deficiência, reunimos alguns casos interessantes e inspiradores. Apresentamos, em poucas palavras, histórias de homens e mulheres que, ultrapassando barreiras impostas pelo próprio corpo, enfrentaram as adversidades encontradas e venceram, criando seus próprios negócios e construindo exemplos emblemáticos para outras pessoas com deficiência e, na verdade, para toda a sociedade. O êxito de cada um, além de impactar suas próprias vidas, também possui efeito transformador mais amplo, mais abrangente, quebrando paradigmas e preconceitos há muito tempo arraigados.

Quem disse que uma pessoa com deficiência não pode empreender? Quem falou que uma pessoa com deficiência não pode aspirar às mesmas realizações de uma pessoa considerada "normal"? Estas perguntas estão plenamente respondidas abaixo, onde fica claro que o empoderamento e o protagonismo das pessoas com deficiência depende, sim, de acesso equânime à saúde, à educação, ao transporte, à capacitação profissional e, até, ao lazer, mas, sem dúvida, de forma determinante, aprendemos que o principal é a vontade, a força de vontade, a vontade de viver... E, como viver é empreender, a vontade de ter um negócio próprio e de ser o próprio chefe.

Mais do que exemplos de empreendedorismo, nossos empreendedores com deficiência são exemplos para toda a humanidade, tanto pelo fato de colaborarem no desenvolvimento econômico do Brasil e do mundo quanto pela contribuição na construção de uma sociedade verdadeiramente mais justa, inclusiva, para todos.

EDUARDO JOSÉ MAGALHÃES MARTINS JUNIOR, 41 anos, solteiro, sem filhos, morador da Vila Ema, em São Paulo, é músico, professor de canto popular e produtor musical. Ele nasceu em 1972 com malformação congênita múltipla, resultante em ausência dos braços e da perna direita, em virtude de uma síndrome rara, conhecida pela sigla Brida, ou síndrome da brida amniótica (SBA). Antes de montar seu próprio negócio, trabalhou como vendedor de instrumentos musicais na Rua Teodoro Sampaio, bairro de Pinheiros, conhecida por esse tipo de comércio. Foi técnico de som em estúdios especializados, além de, desde 1989, com 17 anos, apresentar-se na noite paulistana cantando como profissional.

Começou a estudar música a sério em 1994. Em 1999, surgiu a oportunidade de trabalhar com musicoterapia no Lar Escola São Francisco, que tinha projeto direcionado a adolescentes com deficiência física. Em 2000, começou a lecionar canto popular, até economizar para a compra dos primeiros equipamentos necessários para dar aulas em sua casa. Assim nascia a primeira versão de seu *home studio*. A princípio, a ideia era um estúdio apenas para dar aulas. Depois, Eduardo passou a investir também em equipamentos especializados em gravação, para poder analisar o desenvolvimento de seus alunos. Foi um passo para produzir seu próprio material, disponibilizando-o nas redes sociais. Outros músicos começaram a procurá-lo, pedindo-lhe que fizesse produções de uma ampla gama de trabalhos para eles. Era a realização de um sonho de adolescente, inspirado por Rolling Stones, Deep Purple e Led Zeppelin, além de representar a possibilidade de ser independente.

Mas empreender não aconteceu por acaso. "Quando se trabalha com música, é importante sempre se manter um passo adiante", ensina. Eduardo batalhou, economizou e se planejou para montar a infraestrutura necessária e viabilizar seu negócio, seu sonho: oferecer aulas e produções personalizadas, com recursos encontrados nos grandes estúdios e conservatórios. "Minha deficiência não contribuiu e nem dificultou a realização do meu sonho", diz, apesar da falta de acessibilidade em muitos bares e casas noturnas da cidade. Eduardo reclama, mesmo, é da falta de apoio à cultura no país. E sentencia: "Para realizar seus sonhos, não se apegue aos problemas, mas às soluções".

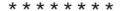

Anexo: CASOS DE EMPREENDEDORES

PAULO CESAR MARINHO FERNANDES, o Paulinho, 49 anos, é empresário do setor de tecnologia assistiva e mora em Goiânia, GO, com sua esposa e dois filhos. Quando tinha 10 anos, um acidente o deixou paraplégico e o colocou para sempre em uma cadeira de rodas. Apesar da mudança radical, com o carinho dos familiares e o apoio recebido na escola, no clube e na comunidade, abraçou os esportes, o que lhe proporcionou uma vida intensa de treinos, competições e viagens. Como jogador de basquete em cadeira de rodas, foi considerado um dos melhores de sua geração, o que lhe valeu convocações para a seleção brasileira e a oportunidade de disputar duas Paraolimpíadas e um sem número de viagens para torneios no Brasil e no mundo.

Suas experiências lhe deram a oportunidade de vencer incontáveis barreiras físicas e atitudinais, bem como vislumbrar tecnologias para ultrapassar os obstáculos do dia a dia.

Frente as limitações do mercado nacional e à complexidade de importar equipamentos estrangeiros, logo começou a desenvolver cadeiras de rodas esportivas "nos fundos de casa". A brincadeira virou negócio, que virou empresa inovadora, que, no auge, chegou a produzir 1,5 mil cadeiras por mês e a exportar para oito países. Sua marca, Tokleve, trouxe para o Brasil tecnologias até então só encontradas no exterior, fazendo com que nosso mercado tivesse acesso a cadeiras compactas, modernas e leves. Seu sonho foi possível graças a sua própria vivência e seu interesse pela área, combinadas com a total carência do mercado nacional à época.

"Logo cedo, enxerguei que a cadeira seria minha grande aliada. Diferentemente dos dogmas de aprisionamento, acreditei que seria possível alcançar o sucesso se pudesse me locomover com qualidade", explica, sintetizando sua carreira empreendedora. Mas, apesar do espírito lutador e do otimismo, não mede críticas à falta de apoio ao empreendedor e à pequena empresa no país. "Os pequenos têm todo tipo de dificuldade", reclama, sempre disposto, a contar detalhes de seu empreendimento atual.

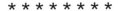

MARA CRISTINA GABRILLI, 46 anos, é publicitária, psicóloga e, atualmente, deputada federal. Um acidente de carro, na estrada de Ubatuba, praia do litoral norte de São Paulo, aos 26 anos, a deixou tetraplégica, sem qualquer movimento além do pescoço. "Sempre fui muito inquieta e, antes da deficiência, já era o que podemos chamar de empreendedora", explica. Trabalhava com painéis de alta definição, captava recursos para projetos culturais e já enveredava pelo empreendedorismo social. Ao retornar de sua reabilitação pós-acidente, feita nos EUA, teve um choque de realidade ao encarar um Brasil totalmente sem acessos. Assim nasceu o Projeto Próximo Passo (PPP), hoje um braço do Instituto Mara Gabrilli (IMG), com o objetivo de fomentar pesquisas para cura de paralisias e apoiar paratletas.

Para ela, a vontade de empreender independe da deficiência, "que é só uma condição, não é uma propulsora, tampouco uma limitação". Mas não é fácil empreender no Brasil. A própria educação brasileira não instiga a inovação, além disso, falta financiamento, há excesso de burocracia e de complexidade fiscal. Em 2011, seu primeiro ano na Câmara dos Deputados, em Brasília (DF), foi considerada um dos cinco parlamentares com atuação mais expressiva, o que ela credita a sua experiência como ongueira, empreendedora, Secretária Municipal da Pessoa com Deficiência e Mobilidade Reduzida de São Paulo e vereadora.

Ao quebrar o pescoço, com certeza, Mara se deparou com novas necessidades, mas também com perspectivas inimagináveis. Ela sempre diz que encarar os acontecimentos sob um ângulo diferente ajuda a encontrar soluções que transgridam a lógica do dia a dia. "A essência de empreender está neste olhar diferenciado que dedicamos a tudo o que resolvemos fazer em nossas vidas".

JOÃO PACHECO FERNANDES NETO, 59 anos, três filhas, é formado em Medicina Veterinária pela Universidade Estadual Paulista (Unesp), campus de Jaboticabal, e doutor pela Escola Superior de Medicina Veterinária de Hannover, Alemanha. Trabalhava como clínico, cirurgião, professor universitário e responsável pelo Departamento de Controle de Zoonoses do Município de Mairiporã (SP) até ficar tetraplégico, sem os movimentos e a sensibilidade dos ombros para baixo, devido a um "caldo" tomado de uma onda, em Boiçucanga, que lhe quebrou o pescoço.

Anexo: CASOS DE EMPREENDEDORES

RENATO BUENO DE CAMARGO LAURENTI, 52 anos, solteiro, cursava a Faculdade de Educação Física da Universidade de São Paulo (USP) quando sofreu um acidente de carro, em Ubatuba, fraturando as vértebras cervicais, o que o deixou tetraparético, com movimentos limitados de braços e mãos.

Quando as histórias desses dois se cruzaram, eles primeiramente ficaram amigos; depois, o relacionamento evoluiu para se tornarem sócios. Ambos tentaram, após seus acidentes, voltar a suas áreas de origem, mas os problemas de acessibilidade enfrentados acabaram levando-os à militância pela causa da deficiência e, mais recentemente, ao empreendedorismo. Em 2008, nascia a loja virtual COMO IR!, a partir da própria dificuldade que sentiam para comprar produtos necessários ao dia a dia, como cadeira de rodas com peças e acessórios, material para o controle da incontinência urinária, artigos para atividades de vida diária (AVD), como talheres com cabo adaptado, pratos com borda alta, lupa para monitor e teclado adaptado, entre tantos outros.

"O fator determinante para empreendermos foi encontrar um nicho de mercado completamente carente, principalmente para as pessoas que não moram nos grandes centros", explicam. "Além da flexibilização de horários e, claro, do sonho de ter algo próprio". A falta de experiência em comércio e contabilidade foram barreiras. Encontrar informações para empreender, os impostos em cascata e a ausência de incentivos também atrapalharam, mas o mais difícil é registrar produtos na Anvisa (a Agência Nacional de Vigilância Sanitária, que tem atuação regulatória sobre produtos e serviços que possam afetar a saúde da população brasileira), um processo caro, lento e complexo demais para pequenas empresas.

"A deficiência dificulta a ida e vinda a clientes e fornecedores, mas não tira nem um pouco a nossa vontade de tocar o barco", afirmam. Na verdade, no caso dos dois, contribuiu para entenderem melhor a clientela. A principal recompensa, segundo eles, é saber que estão vendendo soluções a pessoas que até pouco tempo não tinham acesso a produtos fundamentais para o cotidiano, muitas vezes, sem poder sair da cama, mas que agora recebem suas encomendas em qualquer canto do Brasil. A receita deles é: "Arrume uma boa ideia, se informe, planeje e meta a cara. Nunca se esqueça de que o que manda no mundo está logo acima do pescoço, o resto é mero apêndice".

* * * * * * * *

NAOMI UEZU é uma jovem artista. Não tem uma deficiência, mas uma doença neurológica rara, sem cura, que é a narcolepsia (ataque incontrolável de sono). Ela pode "apagar" a qualquer momento, sem explicação e realizando qualquer tipo de atividade, seja falando com as pessoas, em pé, andando na rua, na garupa de uma moto ou até descendo uma montanha-russa! Antes de saber do que se tratava, caía no chão sem motivo, derrubava pratos, copos e passava por situações embaraçosas. Várias vezes, assinou cheques erradamente; em outras tantas, teve o cartão do banco bloqueado por suspeita de clonagem — situações que tinham sido apenas momentos de sono profundo diante do caixa eletrônico enquanto realizava um saque.

Naomi não pode praticar "atividades de risco", como dirigir e nadar, por motivos óbvios. Casualmente, assistindo um dia ao programa *Globo Repórter*, descobriu o que lhe acontecia, depois confirmado pelos médicos. "Meu cérebro entra direto em estágio REM; por isso, apago várias vezes ao dia, sem controle", explica. Isso fez com que ela se dedicasse aos estudos, já que, de família humilde, não havia como depender de alguém. Dormia em todos os empregos e na faculdade. A despeito disso, formou-se em Publicidade e Propaganda na Faculdade de Comunicação Social Cásper Líbero, de São Paulo. Tentou trabalhar de madrugada em um banco. Em vão. "A alternativa foi viver de arte", conta. Assim, fez do Kirigami, técnica japonesa de arte em papel, seu trabalho e seu empreendimento. Para isso, aperfeiçoou-se na Universidade de Belas Artes de Okinawa, no Japão, cursando Design Gráfico, graças a uma bolsa de estudos que conquistou.

"Transformei minha vida em pedacinhos de papel!", resume. Hoje, tem um ateliê e várias colaboradoras, além de dar palestras e cursos pelo Brasil. "Dou oportunidade de trabalho a várias pessoas", diz ela, que não se livrou da narcolepsia, mas aprendeu a conviver com ela. E o fato de ter seu próprio negócio lhe possibilita tirar um cochilo sempre que necessário... E acordar cheia de energia para se dedicar ainda mais ao que lhe garante a autonomia.

Enquanto muitas pessoas se sentem deprimidas e discriminadas por serem taxadas de dorminhocas e preguiçosas, ela desenvolve projetos para grandes empresas. Agora, além da produção de arte tridimensional em papel, os cursos que dá no Ateliê Naomi Uezu e à distância, está representando comercialmente o maior fabricante de papelaria do Japão no Brasil. "Sou eu que desenvolvo, fecho o negócio, administro, crio e capacito pessoas para a produção artesanal, pois as peças são feitas uma a uma, mesmo numa tiragem de milhares", ensina.

Anexo: CASOS DE EMPREENDEDORES

DIRCEU JOSÉ PINTO, 34 anos, solteiro, é bicampeão paralímpico, individual e em duplas, de bocha adaptada, na categoria BC4, além de várias vezes campeão brasileiro e mundial. Ele tem uma doença degenerativa, chamada distrofia muscular de cinturas, que enfraquece a musculatura do seu corpo. Foi com muita resistência que, em 2002, no Clube Náutico Mogiano, como complemento das sessões de fisioterapia, começou a praticar o esporte que mudaria sua vida e o definiria. Hoje, ele é "o Dirceu da Bocha", respeitado no Brasil e no mundo, não apenas por sua técnica e sua garra, mas pelo ser humano exemplar que embasa o atleta. Da terapia ao treinamento regular, depois vieram os primeiros campeonatos e as primeiras vitórias, daí à paixão e ao espírito competitivo "sangue nos olhos" foi um passo, a bocha vira elemento dissociável de sua vida pessoal e profissional, motivando a vontade de empreender, ao mesmo tempo em que, por intermédio do esporte, procura ajudar outras pessoas a vencerem os desafios da deficiência.

"Já trabalhava como Coordenador na Prefeitura de Mogi das Cruzes, administrando meu tempo entre o trabalho e os treinos, quando decidi empreender". Percebeu que existia uma importante oportunidade de negócios ao seu redor. O material e os equipamentos disponíveis no mercado nacional eram caros e de má qualidade. Impossível progredir no esporte e se tornar praticante de alto rendimento sem fazer uso da tecnologia, como fazem os competidores estrangeiros. "Criei a Karlito Paradesporto, especializada em material para a prática da bocha adaptada, sabendo onde queria chegar", explica Dirceu. Atualmente, com apenas três anos de existência, sua empresa atende atletas do mundo todo, atraídos por seu sucesso nas competições internacionais, onde utiliza exatamente o material que fabrica e oferece ao mercado. "Já no primeiro ano, conseguimos desenvolver um material diferenciado, tanto para a bocha social quanto para o alto rendimento".

O nome da empresa é uma homenagem ao seu pai, numa demonstração explícita de como Dirceu reconhece o papel de sua família no processo de superação contra a doença e em prol da vida. A ideia de empreender surgiu em 2009, depois que voltou das Paralimpíadas de Pequim. Sua vitória provocou grande procura por material para a prática da modalidade. Seu conhecimento dos equipamentos usados pelos atletas em todo o mundo foi fundamental para o sucesso no desenvolvimento de bolinhas e calhas para atletas da bocha adaptada. Por outro lado, apesar de sua experiência específica, sentiu dificuldades na parte burocrática de empreender, além da falta de linhas de crédito e financiamento para iniciar e expandir uma empresa. Mas, com certeza, seu caso é vitorioso também nos negócios. Além de vender seus produtos, faz muitas doações a APAEs e entidades voltadas à inclusão das pessoas com deficiência. "Mas minha maior recompensa é que, hoje, toda minha família está trabalhando comigo, reunida sempre. Família é tudo!", comemora.

SANDRA MARA DA SILVA OLIVEIRA, 36 anos, e Jony da Costa Naim, 26 anos, ambos de São Paulo, têm paralisia cerebral devido à demora e à falta de oxigenação no cérebro durante o parto, o que prejudicou seus movimentos, mas não os impede de serem felizes e lutarem por seus direitos de cidadão. Desde a adolescência, muito antes de se conhecerem, já sonhavam trabalhar como jornalistas, principalmente pelo fato de quererem se expressar, conhecerem pessoas, compartilharem suas opiniões e vencerem as barreiras físicas e atitudinais apresentadas pela sociedade. E não foram poucas as dificuldades que tiveram que enfrentar, desde a reabilitação, passando pelos transtornos do transporte público pouco acessível, até o usufruto do direito de estudar.

Sandra estudava em escola especial não reconhecida pelo MEC. Para realizar seu sonho, decidiu "enfrentar" uma escola regular, mostrando que era capaz. No supletivo, da quarta à oitava série, só conseguiu se matricular depois que sua mãe se comprometeu a frequentar as aulas com ela. No colegial, os alunos demoraram seis meses para aceitá-la. Ela não conseguia usar o computador da escola por falta de acessibilidade e não usava o banheiro porque ninguém queria acompanhá-la, mas sua determinação falou mais alto e se formou com louvor. Em 2007, entrou na Universidade Unip, mas, dessa vez, as dificuldades foram mais fortes do que sua força de vontade. Sem apoio nenhum da instituição, aguentou um ano e meio de muito esforço, e depois desistiu.

A história de Jony não é muito diferente. Aprendeu desde cedo que sua vida seria marcada pela superação dos obstáculos múltiplos existentes para pessoas com deficiência em geral e, em particular, para, como ele, os chamados "PCs", muitos ainda totalmente alijados do convívio social. Em escolas especiais e entidades especializadas, desde cedo estudou teatro, como ator e dramaturgo, escrevendo sobre suas experiências e visão do mundo, o que despertou seu lado jornalístico e mostrou aos demais a sua habilidade com a escrita. Em 2007, começou a atuar como repórter da revista *Bem-vindo A.Nó.S.*, da Associação Nosso Sonho. Dois anos depois, foi contratado por uma empresa do ramo da construção, patrocinadora da entidade. Hoje, se orgulha, trabalha "com carteira assinada".

A revista *Bem-vindo A.Nó.S.* é uma publicação que trata de temas relacionados à inclusão de pessoas com deficiência, com foco em paralisia cerebral. Sua idealizadora, Suely Katz, é uma referência e conta com o apoio de empresas para manter uma equipe de dez repórteres, todos "PCs", que, além de contratados para editar a publicação, dispõem de todos os recursos tecnológicos necessários para potencializarem suas habilidades. Sandra, por exemplo, precisa de uma ponteira presa à cabeça, com a qual consegue digitar seus textos.

"Com meu trabalho conquistei minha liberdade financeira", orgulha-se a repórter Sandra. "Hoje, consigo mostrar e demonstrar que sou uma pessoa como as outras e que, apesar da deficiência, mereço respeito", ensina o repórter Jony. Em uníssono, eles dizem: "Se queremos mudar o mundo onde vivemos, temos que mostrar a cara, e não nos escondermos".

BILLY SAGA, 36 anos, publicitário e músico, adquiriu sua deficiência em um acidente. Estava a caminho de um curso, de moto, quando foi abalroado por uma viatura da Polícia Militar de São Paulo, dirigida por um policial com habilitação vencida, que, autorizado pelo tenente a bordo, em altíssima velocidade, desrespeitou o sinal vermelho. Além de paraplégico, o acidente custou-lhe a amputação de uma perna, sem contar o trauma psicológico e a juventude bruscamente interrompida.

Muitas vezes, é da adversidade que surgem grandes histórias, projetos memoráveis e interessantes lições de superação, como a de Billy. Em contato com outras pessoas com deficiência, percebeu que as dificuldades por ele enfrentadas também afligiam muita gente. Então, para tornar visíveis a toda sociedade as demandas desse segmento, idealizou a passeata *Movimento SuperAção*, que, através de eventos socioculturais, busca levar à sociedade a pauta da defesa dos direitos das pessoas com deficiência, criando também um ambiente de sociabilização e fomento ao protagonismo de seus participantes.

A ideia surgiu da emergência por ações que apontassem criticamente a situação da pessoa com deficiência no Brasil. A motivação foi a indignação com a falta de respeito e a negligência que enfrentou na pele. Encarou o desafio como uma missão, transformando revolta em força de vontade, com o objetivo de mudar uma cultura arcaica e recalcada, desumana e preconceituosa.

Mas não foi fácil, visto o descrédito e sensacionalismo com que essa parcela da sociedade é tratada. "A deficiência é a pedra angular desta missão. Rasgar e queimar a carapuça imposta e mostrar que podemos viver com dignidade numa sociedade que equipara as oportunidades.", vaticina ele, hoje líder de um movimento que reúne milhares de militantes em ações e passeatas realizadas em sete cidades: São Paulo, Rio de Janeiro, Porto Alegre e Natal, no Brasil, e Santa Fé, San Justo e Buenos Aires, na Argentina.

Para ele, empreender no Brasil não é tarefa fácil para ninguém, mas testemunhar mudanças, ainda que tênues, na vida das pessoas com deficiência, como ele vem testemunhando nos últimos anos, "não tem preço", e lhe dão energia para seguir batalhando. "Empreendedores são aqueles que entendem que há uma pequena diferença entre obstáculos e oportunidades e são capazes de transformar ambos em vantagem.", conclui Billy, parafraseando Nicolau Maquiavel.

MIRELLA WITHERS PROSDOCIMO, 40 anos, solteira, é, atualmente, Secretária Municipal dos Direitos da Pessoa com Deficiência de Curitiba, para onde levou sua experiência e seu espírito empreendedor. Aos 15 anos de idade, em consequência de um acidente automobilístico, ficou tetraplégica, quando ainda estava no colégio. Terminou os estudos, fez faculdade, pós-graduação e, como primeira experiência profissional, abriu a Adaptare Consultoria, empresa especializada em inclusão de pessoas com deficiência no mercado de trabalho. "Nosso foco é a adaptação do ambiente físico e a conscientização dos colaboradores para a recepção, inserção e ambientação de pessoas com deficiência no dia a dia das empresas, tanto para relacionamento com os próprios funcionários quanto para clientes", explica.

A inspiração para seu negócio nasceu nos Estados Unidos, durante um programa de intercâmbio para estudar sobre tec-

Anexo: CASOS DE EMPREENDEDORES

nologias assistivas. Vendo a enorme diferença na realidade das pessoas com deficiência de lá, comparada com a nossa realidade no Brasil, viu que muito ainda precisava ser feito, enxergando, também, a oportunidade para empreender. Com uma maior fiscalização para o cumprimento da Lei de Cotas, percebeu que as empresas precisavam de assessoria para a contratação, retenção e produtividade dos colaboradores com deficiência, além da quebra de barreiras físicas e atitudinais.

Mas não foi tão fácil quanto imaginava, quando idealizou seu projeto. Enfrentou resistência das empresas em contratar pessoas com deficiência, ainda que obrigadas por lei. Também encontrou descrença e preconceito em relação à sua capacidade como empresária, já que, ainda, por muitos, deficiência é confundida com incapacidade, barreira cuja derrubada representa tarefa diária. Continuou batalhando, aprendeu com as adversidades e, aos poucos, foi driblando os problemas e estruturando seu negócio, pensando nas muitas vidas que poderia melhorar, mas, também inspirada pela própria vontade de vencer. "O empreendedorismo é uma forma de se tornar protagonista de sua história e isso, para as pessoas com deficiência, ainda parece um privilégio".

Na Secretaria, hoje, afastada da gestão empresarial, mas aportando toda experiência acumulada, consegue impactar positivamente a história de muitas pessoas com deficiência, por intermédio de políticas públicas inclusivas, mas, emblematicamente, por sua própria trajetória, sempre, como ela mesmo ensina, "com muita coragem, proatividade e sem medo de arriscar".

Índice

A

AACD, 33
Academia de Inovação, 71
acessibilidade 7, 55, 112
Adaptada xviii
Ajuda a Deficientes 32
ambiente 81
Andrea Schwarz, xx
APAE, 33
AVC, 23

B

BBC, 93
Bolsa de Nova York, 31
Bolsa Família 49
Bootstrap 90
Bruno Caetano, xv

C

Canvas Business Model 90
capitalista de risco 1
Carl Jung, 12
Censo, IBGE, 19
CID – Código Internacional de
   Doenças, 20
CIF, 20
conceito de si 81
Congresso Mundial dos Surdos, 31
CORDE, 38
COTAS, xix
crescimento econômico 11
Czar Nicolau, 29

D

Deng Xao Ping, 97
desenvolvimento social 11
direitos universais 52
Diretrizes e Bases da Educação, 39

E

Educação de Surdos 30
Effetuation 90
EJA, 57
empreendedoras 16
empreendedorismo 91
empregabilidade 46, 50
Emprego formal e informal, 50
espaço de si 82, 87, 109
especialista 92, 102
expansão do seu eu 102

F

FHC, 16
FIFA 3
Fórmula 1, 93
Funcionalidade, Classificação
   Inernacional de 20

G

Galton e Darwin, 2
Grande Depressão, 31
Guia São Paulo Adaptada, xviii

H

Horacio Lafer Piva, xii
Humanos 105

I

i.social xix
IBGE, 19
Iluminismo, 29
inclusão 7, 42, 45, 62, 119
Independente 35
Innovation Academy, 71
inovação 5, 65, 99, 115
inserção no trabalho 91, 96

Instituto Nacional dos Jovens Cegos de Paris, 29
intraempreendedorismo 99

J
Jogos Paralímpicos, 24
justiça 49, 74, 96, 105

K
know when 94
know where 94
know who 94
know why 94

L
Lean Startup 90
Lei 9394, 39
Lei de Cotas 45, 61, 122
liderança 84, 103
Linamara Battistella, xi
Língua Brasileira de Sinais 30
Louis Braille, 29

M
Mapa da Violência, 22
Mapa dos Sonhos 89
Mentoria 110
Metanoia, 12
microcrédito 110
Moradia, 44
Movimento SuperAção 120
MPEs, 49
MTE, 55

N
nanoempreendedores 96

O
OCDE, 45
OEA, 38

OIT, 32, 51
OMS, 20
ONU, 19

P
Papers, 13
paradesporto 24, 34
paralímpico 118
Pessoas Deficientes 37
Peter Drucker, 69
política pública 62, 106
População com deficiência, 20
preconceito 4, 91, 122
Primeira Guerra Mundial, 31
protagonistas vii, 42, 98

R
rede de relações 67, 94, 107
Rehabilitation International, 32
Rendimento nominal, 61
Revolução Francesa, 29

S
Sociedade Escandinava de Ajuda a Deficientes 32
superação 47, 98, 118
Supported empoyment, 61
sustentabilidade 45, 49

T
tetraplégico 3
The Rolling Stones, 34
Think tank, 3

U
Universal Design, 36

W
WebTV, 16
WSA, 2